부동산 격차의 시대,
성공방정식이 바뀌고 있다

THE EQUATION FOR
REAL ESTATE SUCCESS

부동산 격차의 시대, 성공방정식이 바뀌고 있다

빌딩의 신 **박준연** 지음

두드림미디어

혹시 우리는 보고 싶은 것만 보는 투자자는 아닐까?

세상에는 정보가 너무 많습니다. 지금 우리는 SNS를 비롯한 수많은 매체가 실시간으로 쏟아내는 엄청난 정보의 홍수 속에서 살고 있습니다. 누구나 손끝 하나로 새로운 뉴스를 얻을 수 있습니다. 여기서 한 가지 의문이 생깁니다.

"우리는 과연 모든 정보를 보고 있는 것일까?"

실제로는 보고 싶은 것만 보고, 듣고 싶은 것만 듣는 것은 아닌지 묻고 싶습니다. 대부분의 사람들은 스스로 보고 싶은 방향, 가고자 하는 쪽의 정보만 취하고 그 외의 정보는 무의식적으로 걸러냅니다. 심지어 자기 생각과 반대되는 정보를 접하면 오히려 자기 확신을 더 강화시킵니다. 이는 자신의 믿음이나 신념이 일치하지 않는 것을 몹시 '불편하게' 생각하는 인간 심리의 본능 때문일 것입니다.

수많은 현장에서 체득한 저의 경험상, 현명한 투자자 혹은 진짜로 성공한 투자자는 다른 방향으로 움직입니다. 그들은 자기가 생각하는 방식을 끊임없이 점검하고, 틀렸거나 수정할 부분이 있다면 이를 받아들이면서 반복적으로 업데이트해나갑니다. 생각의 틀을 열어놓고, 사고의 질을 발전시킵니다.

투자는 생명체입니다. 계속 변하고, 끊임없이 진화합니다. 변화 속도는 더욱 빨라지고 있습니다. 시장 주기는 짧아지고, 새로운 투자 방식과 자산은 끊임없이 등장하고 있습니다. 그런데 아직도 많은 투자자가 1970년대, 1980년대, 1990년대에 자신이 경험했던 투자 방식에 머물러 있습니다. 투자에 대한 준비가 부족한 것입니다. 익숙함은 투자자에게 가장 위험한 함정입니다.

저는 2년 전, 《부동산 투자 대격변 : 변화된 패러다임에 대비하라》를 집필했습니다. 당시에도 이미 변화의 조짐은 분명히 나타나고 있었고, 속도가 점점 빨라지며 새로운 환경이 계속 생겨날 것이라고 판단했습니다. 그래서 기존과 다른 투자 방식에 대한 고민이 필요하다는 주장을 담았습니다. 그리고 2년이 지난 현시점에 돌아보면 그 변화의 속도는 상상 이상으로 빠르게 현실이 되어가고 있습니다. 그때 지적했던 '다가올 변화'가 이제는 '현재의 현실'이 되었습니다. 주식과 달리 부동산은 '가지고 있으면 오른다'라는 인식이 강합니다. 실제로 부동산은 계속 오르는 자산이 분명합니다. 하지만 그 안에서도 미세한 변화가 일어나고 있습니다.

시간을 2018년으로 되돌려보겠습니다. 당시 글로벌 금융위기를 지나며 시장에 유동성이 폭발했습니다. 2020년 코로나 팬데믹이 발생했고, 문재인 정부의 강력한 주택 관련 세금, 대출 규제 정책이 한꺼번에 터져 나왔습니다. 주택 시장으로 가지 못한 자금이 대체 투자처를 찾아 움직이기 시작했고, 그 움직임이 꼬마빌딩이라는 새로운 투자처를 발견했습니다.

당시 꼬마빌딩은 시장에 반향을 일으키며 폭발적인 관심을 받았습니다. 그전까지만 해도 사람들은 건물 투자 시장이 있다는 것을 알고만 있었지, 자신이 투자할 수 있는 대상이라고는 생각하지 못했습니다. 하지만 유튜브를 비롯한 각종 SNS, 뉴스 매체를 통해 전문가가 등장해 조언하고, 유명 연예인이 가세하면서 순식간에 일반인에게까지 확산했습니다. '부자들만 할 수 있는 투자'로 여겼던 건물 투자를 '나도 할 수 있다'라고 생각하기 시작한 것입니다.

사람들은 너도나도 꼬마빌딩을 사기 시작했습니다. 실제로 당시는 '아무거나 사도 오르던' 때였습니다. 가격이 저렴할 때 들어갔으니 수익률은 당연히 높았습니다. 발 빠르게 투자에 뛰어들었던 사람들은 큰 수익을 냈고, 자산을 불렸습니다. 그렇게 꼬마빌딩 '불장'은 5년 동안 지속되었습니다.

하지만 단언하건대, 이제 그 불장의 시장은 끝났습니다. 속된 말로 '다 해 먹고' 나갔습니다. 지금은 완전히 다른 국면으로 접어들었습니다. 이제는 그보다 한 단계 업그레이드된, 윗단의 시장으로 올라가야 하는 상황이 펼쳐지고 있습니다.

현재 빌딩 시장은 좋지 않습니다. 공실이 많고 성장률은 낮습니다. 경제 상황도 좋지 않죠. 유동성은 풍부하지만, 과거처럼 대출 비율이 높지 않아 자기 자본금이 훨씬 많이 들어가야 합니다. 투자 기준이 좁아지면서 투자 분위기는 위축되고 있습니다. 하지만 거래가 멈춘 것은 아닙니다. 시장은 풍부한 유동성을 바탕으로 진짜 좋은 빌딩 물건을 찾아내 투자하고 있습니다. 입지와 임차 구조가 탄탄한 우량 자산을 중심으로 거래가 활발합니다.

이 현상은 현재 우리가 경험하고 있는 주택 시장과 닮았습니다. 지방 아파트를 팔아 서울로, 서울에서도 강남과 '마용성' 같은 상급지로 쏠리는 현상처럼 빌딩 역시 우량 자산 중심으로 재편되고 있습니다. 건물 시장에서도 소수의 주요 입지에 있는 '똘똘한 한 채'가 시작되었습니다.

제가 이 책을 통해 이야기하려는 것은 바로 이런 변화를 준비하라는 것입니다. 최근 몇 년간 빌딩 투자 환경은 커다란 변곡점을 맞이하고 있습니다. 세금과 경제 성장률, 인플레이션과 글로벌 경기의 구조적 변화를 눈여겨봐야 합니다. 앞으로는 국내 상황뿐만 아니라 전 세계 자본 흐름이 우리 시장에 직접적인 영향을 주기 때문에 이런 다양한 변수와 변화에 능동적으로 대처하지 않으면 우리는 시장에서 뒤처질 수밖에 없습니다.

다시 한번 당부드리지만 투자할 때 '내 생각만이 옳다'라는 확신은 이제 내려놓아야 합니다. 다양한 관점에서 다른 시각으로 시장을 바라봐야 합니다. 그래야 변화의 속도를 따라잡을 수 있습니다. 이 책은 바로 그 시점에 서 있는 투자자를 위한 이야기입니다. 보고 싶은 것만 보던 투자에서, 진짜 시장을 보는 투자로 나아가기 위한 첫걸음을 내디딜 때입니다.

지나간 것들은 다시 돌아오지 않습니다
특히 자신이 경험한 것들은 한번 경험하고 지나간 것입니다.
투자는 과거의 습관이 아니라, 현재의 통찰입니다.

정인부동산그룹㈜ 대표이사

박준연

PART 3

이것도 모르면서 건물 투자한다고?

PART 4

새로운 생존 전략: 기준을 다시 세워라

PART 5

살아남는 투자자의 성공 시나리오

PART 6

돈의 흐름이 바뀌면 투자도 바뀐다

PART 1

투자, 우리는 왜 여전히
'가슴'으로만 하는가?

사기만 하면 오르던
공식은 깨졌다

　'사기만 하면 오른다'라는 말이 통하던 꼬마빌딩 시장이, 이제는 훨씬 더 신중한 접근을 요구하고 있다. 경제 상황, 지가 상승률, 금리 등 다양한 요소를 종합적으로 고려할 때 이 시장의 투자 매력도는 과거보다 뚜렷하게 낮아졌다. 동시에 리스크는 점점 커지고 있다. 투자할 때 리스크가 없을 수는 없다. 하지만 최근 상업용 부동산 시장은 과거와는 전혀 다른 환경을 맞고 있다. 지금은 우리가 이전에 경험하지 못한 복합적인 악조건이 동시에 작용하는 상황이다.

　그중에서도 공실 리스크는 현재 투자자들이 직면한 가장 큰 문제다. 이 책의 후반부에서 자세히 다루겠지만, 공실은 일시적 현상이라기보다는 거스를 수 없는 흐름이라고 봐야 한다. 사람들이 물건을 사는 방식이 오프라인에서 온라인으로 빠르게 이동하면서 상가 수요 자체가 구조적으로 줄어들었다. 한번 바뀐 소비 패턴은 쉽게 되돌릴 수 없기 때문에, 이제는 상가를 임차해 영업하는 소상공인뿐만 아니라 임대 수익에 의존하던 건물주도 기존 수익 모델을 근본부터 다시 점검해야 하는 시기다. 소비 행태 변화는 상업용 부동산 시장 전반에 영향을 미친다. 더 이상 과거의 경험만으로는 대응하기 어려운 국면에 접어든 것이다. 이럴 때일수록 건물 투자자라면 시대 흐름에 맞는 새로운 대응 전략과 관리 매뉴얼을 갖춰야 한다.

또 하나의 핵심 리스크는 정책 변수다. 한국은 정치 불확실성이 크고, 정권 교체나 정국 변화에 따라 부동산 정책 방향이 급변한다. 이런 정치 리스크를 간과하면 자칫 큰 손실로 이어질 수 있다. 정책은 언제, 어떤 방식으로 나타날지 예측하기 어렵다. 그럼에도 불구하고 큰 그림을 읽는 눈, 즉 각 정치 세력이 부동산 시장을 어떻게 인식하는지에 대한 거시적 이해는 반드시 길러야 한다. 어떤 성향의 정부가 집권하느냐에 따라 부동산 정책의 기조는 달라지고, 그에 따라 시장의 흐름도 크게 바뀐다. 가 정당의 부동산 정책 방향을 미리 파악하고, 이에 맞춰 투자 전략을 조정하는 습관이 필요하다. 이는 단기 대응을 넘어서 장기적인 자산 방어 전략으로 이어진다.

금리 리스크는 무엇보다 중요한 요소다. 이는 굳이 강조하지 않아도 누구나 알고 있는 사실이다. 특히 최근에는 금리의 방향성을 예측하는 것 자체가 갈수록 어려워지고 있다. 미국을 비롯한 국제 정세와 국내 경제가 숨 가쁘게 변화하고 있어, 단순히 과거 패턴만으로는 흐름을 읽기 어렵다. 금리 변화는 주택 시장뿐만 아니라, 상업용 빌딩의 임대 수익률에도 직접적인 영향을 미친다. 따라서 투자자는 금리 흐름에 민감하게 반응하면서,

그것에 맞게 투자 전략을 유연하게 조정할 수 있어야 한다.

이처럼 소비 문화의 변화, 정책의 변동성, 그리고 금리와 같은 다양한 외부 요인을 고려할 때, 결국 우리 앞에 남는 질문은 하나다.

'지금, 꼬마빌딩에 투자하는 게 맞을까?'

이 질문은 단순한 타이밍 문제가 아니다. 시장 환경에 대한 본질적인 이해, 그리고 미래 흐름에 대한 전략적 판단이 필요한 시점이다. 그리고 바로 이것이, 우리가 이 책에서 가장 비중 있게 다루고자 하는 핵심 주제다.

꼬마빌딩 열풍은 언제, 어떻게 시작되었나?

불과 2~3년 전까지만 해도, 건물 시장 특히 꼬마빌딩 투자 시장은 말 그대로 활황의 정점에 있었다. 그러다 갑작스럽게 시장 분위기가 돌변했다. 무슨 일이 있었던 것일까? 지금의 시장 상황을 정확히 이해하기 위해서는, 과거의 흐름을 짚어볼 필요가 있다.

꼬마빌딩 투자 열기가 최고조에 달했던 때는 2020년 전후로 기록된다. 그중에서도 가장 뜨거웠던 시점은 2022년, 코로나 팬데믹 시기다. 이 열풍의 배경에는 크게 두 가지 요인이 도사리고 있었다. 첫 번째 요인은 정부의 강도 높은 부동산 세제 정책이다. 문재인 정부는 집권 초기부터 다주택자를 대상으로 취득세·보유세 중과 등 강한 규제 정책을 펼쳤다. 그 결과, 고가 주택을 여러 채 보유한 투자자들 가운데 몇몇은 세금 부담을 줄이기 위해 보유 수를 줄여야만 했다. 이들은 기존에 보유한 아파트를 매도해 현금을 확보한 뒤, 다음 투자처를 물색하게 된다.

이때만 하더라도 사람들은 '아파트 팔아 빌딩 산다'라는 생각을 쉽사리하지 못했다. 아파트 가격이 지금처럼 높지 않았고, '빌딩'이라고 하면 대형 상업지구에 우뚝 선 거대한 건물만을 떠올리던 시기였다. 하지만 노무현 정부를 지나 이명박, 박근혜 정부에 이어 문재인 정부까지 집값이 큰폭으로 상승했고, 그 결과 주택과 건물의 가격 격차가 좁혀지기 시작했다. 이때를 기점으로, 아파트를 매도한 자금으로도 작은 규모의 상업용 부동산에 진입할 수 있는 투자자가 빠르게 늘어났다.

이 무렵, 기존에는 다세대주택, 상가주택 등으로 불리던 중소형 건물에 대한 인식도 서서히 바뀌었다. 소규모 자본으로 낡은 주택을 매입해 신축 건물로 개발하면, 건물 크기는 작아도 수익성과 자산 가치 모두 매력적인 상품이 될 수 있다는 것을 알았기 때문이다. 이런 물건을 '꼬마빌딩'이라고 부르며 투자자가 모여들었다.

꼬마빌딩 투자 열기를 대중적으로 확산시킨 두 번째 요인은 유튜브 등 SNS였다. 당시 온라인에는 '꼬마빌딩으로 건물주 되기'와 같은 영상물이 넘쳐났다. 전문적이고 구체적인 정보 영상도 속속 업로드되었다. 당시 사람들이 가장 많이 시청한 콘텐츠는 '10~20억 원으로 건물 투자하기' 류의 영상이었다. 이런 콘텐츠는 많은 사람들에게 '나도 꼬마빌딩에 투자할 수 있겠다'라는 현실적 기대감을 불러일으켰다. '건물주는 나와는 거리가 먼 이야기'였던 과거에서 벗어나, 본격적인 건물 투자 대중화 단계로 진입한 시기다.

당시 다세대주택이나 낡은 상가주택을 보유한 소유주들조차 자신의 자산이 꼬마빌딩으로 재평가될 수 있다는 사실을 인식하지 못했다. 하지만 자고 나면 오르는 시세 속에서 새로운 가치에 눈뜨게 되었다. 이처럼 투자자와 기존 보유자가 동시에 꼬마빌딩 시장에 몰리면서, 해당 시장은 그야말로 '불장'이 되었다.

강남 아파트 팔고 건물주 된 A씨

이 시기에 투자자 A씨가 기억에 남는다. 그는 압구정동 아파트를 25억 원에 매도한 뒤, 대치동 아파트 전세자금으로 10억 원을 쓰고, 나머지 15억 원으로 강남에 있는 빌딩을 매입했다. 사실 A씨가 처음부터 건물을 사려고 했던 것은 아니다. 압구정동 아파트를 팔고 더 좋은 입지의, 더 넓은 아파트로 옮길 계획이었다.

하지만 이때는 문재인 정부 초반이었고, 당시 15억 원 이상 아파트는 고가주택으로 분류되어 대출이 완전히 막혔다. 양도세와 보유세 등 세금 부담도 눈덩이처럼 불어나고 있었기 때문에, 여러 채의 주택을 보유하는 것은 부담스러웠다. 반면, 상업용 부동산에는 대출 규제가 거의 없었다. 건물 가격의 80%까지 대출이 가능했기 때문에 A씨는 자연스럽게 건물 투자로 방향을 틀었다. 그는 15억 원의 자기자본금을 기반으로 은행 대출을 받아 70억 원대 빌딩을 매입했다.

A씨가 빌딩을 매입하던 당시, 건물의 캡레이트(Cap Rate)는 약 7~8% 수준이었다. 캡레이트는 해당 부동산이 창출하는 순영업소득(NOI : Net Operating Income)을 매입가격으로 나눈 비율을 말한다. 예를 들어, 20억 원짜리 건물에서 연 1억 원의 순수익이 발생한다면, 캡레이트는 연 5%가 된다(1억 원÷20억 원X100). 캡레이트는 상업용 부동산 가치를 평가할 때 중요한 기준이 되며, 투자 판단의 핵심 지표로 쓰인다.

2025년 현재 캡레이트가 3% 안팎이라는 점을 감안하면, A씨가 투자했던 건물의 캡레이트 7%는 상당히 매력적인 수치라는 것을 알 수 있다. 그 시기에는 구분 상가를 비롯한 상업용 부동산의 수익률이 매우 높았고, 이런 분위기가 투자자 유입을 계속 촉진시켰다.

2022년이 되면서 꼬마빌딩 시장이 아파트 시장처럼 과열되기 시작했다. 건물을 계약하러 갔는데, 그 자리에서 5~10억 원씩 호가가 올랐다. 말 그대로 '불장'이 시작된 것이다. 그러나 이 불장은 오래가지 못했다. 곧이어 '코로나'라는 예상치 못한 변수가 시장을 덮쳤기 때문이다. 많은 상가가 문을 닫거나 제한적인 영업만 가능했고, 임대료 수익은 급격히 감소했다. 소상공인들이 어려움에 부닥치자 '착한 임대인 운동'이 펼쳐지기도 했다. 하지만 부동산 시장 경색은 오래 지속되지 않았다. 경기 회복을 위해 정부가 막대한 유동성을 시장에 풀면서 부동산 경기가 되살아났다.

2020년 통화량 증가 추이

M1 : 현금 수시입출식 예금 등 초단기자금
M2 : M1+2년 미만 예적금 등 광의 통화

협의 통화(M1)

통화량(M2)

20.8

9.2

6.3

7.0

9.3

5.5

4.9

4.3

2017   2018   2019   2020   (년)

출처 : 한국은행

　　기록을 보면 당시 시중 통화량은 거의 100% 가까이 늘었다. 시중에 흘러 다니는 돈의 양이 두 배가 되었다는 것은 곧 화폐 가치가 반 토막 났다는 의미다. 그 결과, 실물 경기는 여전히 최악이었음에도 꼬마빌딩 시장은 다시 활기를 띠기 시작했다. 이 시기가 바로 2차 불장의 출발점이었다.

유동성 증가는 어떻게
자산 가격을 끌어올리나

막대한 유동성이 시장으로 흘러들면서, 자산 가격은 치솟았다. 소상공인은 장사를 못하는 대신 정부 지원금으로 버텼고, 기업들도 너 나 할 것 없이 지원금을 받았다. 문제는 정부 지원금의 투자처였다. 기업은 투자할 곳이 마땅치 않았다. 코로나로 수출은 멈췄고 내수도 얼어붙었다. 결국 기업들은 지원금을 은행에 넣어두기 시작했다. 당시 정부 지원금 대출 금리는 0%대, 은행 예금 금리는 1.5% 수준이었다. 앉아서 이자를 챙길 수 있는 구조였다.

은행은 기업이 예치한 돈을 기반으로 3%대 대출 상품을 시중에 내놓았고, 사람들은 3~5%대 금리로 대출을 받아 아파트와 건물을 사들이기 시작했다. 이렇게 정부가 시중에 푼 자금이 주택과 상업용 건물 등 부동산 시장으로 몰리면서 가격이 급등했다.

2018년 시작된 꼬마빌딩 1차 불장에 이어, 2020~2023년은 2차 불장으로 기록될 만큼 강한 상승세를 보였다.

하지만 2025년 현재, 시장은 급속도로 얼어붙었다. 왜 이렇게 되었을까? 결론부터 말하면, '올 것이 온 것'이다. 경기는 침체되었고, 소비는 줄었으며, 수출도 둔화되었다. 정부가 뿌린 돈은 실물 경제가 아닌 부동산 자산으로만 집중되었고 결과적으로 건물 가격은 올랐지만, 수익은 받쳐주지 못하는 구조로 나타났다. 공실이 증가하면서 대출을 많이 이용한 레버리지 투자자들은 이자 부담을 견디지 못하고 시장에서 탈락하기 시작했다.

상업용 부동산은 수익률로 성패가 갈린다. 임차인이 장사를 잘해야 임대료를 낼 수 있고, 그래야 건물 수익률이 올라가고, 자산 가치도 오른다. 하지만 지금은 여러 가지 상황이 꼬마빌딩 투자자에게 불리하게 작용하고 있다.

2025년 상반기, 강남 번화가를 직접 임장하면서 알게 된 사실이 있다. 이면 도로에 위치한 신축 꼬마빌딩 중 상당수가 공실 상태라는 것이다. 겉으로는 반짝이는 새 건물이지만, 내부는 텅 비어 있는 경우가 많았다. 문제는 이런 건물이 한두 채가 아니라는 점이다. 꼬마빌딩뿐만이 아니다. 기존에는 상상도 할 수 없었던 강남 핵심부의 번화가의 빌딩에도 임대 광고가 곳곳에 붙어 있다.

침체된 시장이 언제 다시 회복될지는 알 수 없다. 하지만 침체의 골이

깊을수록, 반등의 에너지도 커진다. 하지만 과거의 방식으로는 이 위기를 넘기기 어렵다. 지금은 전략을 바꿔야 할 때다.

투자자는 왜 바뀌지 않을까?

시장이 요동치는 와중에도 건물주의 마인드는 크게 변하지 않았다. 이는 대한민국 부동산 시장에서 투자자들이 가진 특수성과도 연결된다. 우선 투자자의 연령대가 높다. 강남 지역에서 20년 이상 건물을 보유한 이들은 대부분 60~70대로, 이들 상당수는 오래전부터 가져온 투자 마인드를 유지하고 있으며, 바꿀 생각이 없다.

지금은 체계적인 시장 분석과 전략적인 투자 방식이 요구되는 시기다. 하지만 이들은 변화하는 상황을 제대로 인식하지 못하고 스스로도 알아보려는 시도조차 하지 않는다. 좋게 말하면 '나는 묵묵히 내 길을 간다'라는 일관된 태도지만, 사실상 변화를 외면하고 있는 것이기도 하다.

우리나라 상당수의 건물주는 시대 흐름 덕분에 부자가 되었으면서도 스스로의 안목과 판단이 뛰어나서 성공했다고 믿는다. 그들이 그렇게 믿는 것도 무리는 아니다. 1970년대 이후 대한민국의 경제 성장은 그야말로 기적에 가까웠다. 흐름 위에 올라탔다면 자산은 자연스럽게 불어났다. 행운의 세대이기도 한 60~70대 건물주들은 대부분 경험에 의존해 투자하고 있다. 물론 경험을 통해 얻는 투자 원칙은 소중하다. 하지만 지금처럼 변화가 빠른 시대에는 경험만으로 시장을 따라잡기 힘들다. 대한민국은 유행에 민감하며 변화가 빠르고, 기술과 트렌드가 순식간에 바뀐다.

이런 시대에 성공적인 투자를 하려면 속도감과 판단력, 객관적인 데이터 분석 능력이 필수다. 하지만 기존 세대는 과거 낡은 방식 그대로 투자를 반복한다.

문제는 그 방식이 이제 더는 잘 통하지 않는다는 사실이다. 이들은 무엇을 바꿔야 하는지, 어떻게 대응해야 할지 모른다. 객관적이고 체계적인 조언을 들은 적도 거의 없고, 설령 전문가의 말을 듣더라도 한 귀로 듣고 한 귀로 흘리는 경우가 대부분이다.

이와 대조되는 흐름이 있다. 바로 30~40대 MZ 세대의 등장이다. 이들은 60~70대 건물주의 자녀 세대와도 겹친다. 부모의 부동산 투자를 어릴 때부터 보고 자란 세대이기도 하며, 최근에는 상속이나 증여를 통해 자연스럽게 시장에 진입하기도 한다. MZ 세대는 숫자에 강하고, 데이터 중심의 합리적인 투자 판단을 중시한다. 수익률, 캡레이트, 공실률 등 지표를 기반으로 의사결정을 내리는 데 익숙하다. 반면, 기존 세대는 여전히 자신의 경험에만 기대어 미래를 예측하고, 수익과 리스크를 체계적으로 비교하지 않는다.

이때 MZ세대 자녀가 부모에게 "이제는 방식이 달라져야 한다"라고 조언하면 대부분의 부모는 이렇게 반응한다.

"내가 오랫동안 해왔는데, 내 방식이 맞아."

사실은 이렇게 점잖게 나오는 경우도 드물고, 오히려 "네가 뭘 안다고 나서?"라는 반응이 많다. 결국 부모는 자녀를 믿지 못하고, 자녀는 "내가 도둑놈 취급을 받는다"라며 마음을 닫으면서 세대 간 소통이 단절된다.

여기서 문제가 발생한다. 최근 한국 자산가에게 가장 중요한 숙제는 '부의 수평 이동', 즉 증여와 상속이다. 평생 모은 자산을 세금으로 다 빼앗기지 않고 자녀 세대에게 안전하게 넘기는 일이 중요해졌다.

하지만 부모는 여전히 '자식이 철이 없다', '물려주면 다 까먹을 것 같다' 라는 불안감을 느낀다.

재산을 준 뒤 자녀가 효도를 멈출까 봐 걱정하는 이들도 많다. 이런저런 이유로 인해 한국의 '올드 머니' 건물주는 꼭 필요한 시점에도 투자 결정을 미루고 결국 기회를 놓치는 경우가 많다. 가족 관계는 언젠가 회복될 수 있지만, 잃어버린 자산 상승의 기회는 다시 돌아오지 않는다.

초양극화,
1%가 끌고 가는 부동산 시장

　최근 들어 자산 양극화 현상이 더욱 심화되고 있다. 한번 대열에서 이탈하면 다시 그 자리에 오르기까지 들어야 할 시간과 노력은 과거에 비해 더 커지고 있다. 부자는 더 빠르게, 더 많은 자산 상승을 이룬다. 반면 그렇지 못한 사람들은 부자 되기가 점점 더 어려워지고 있다. 이런 현상은 부동산 시장에서도 뚜렷하게 나타난다. 높은 상승률을 기록한 부동산을 보유한 사람과, 그렇지 못한 자산을 가진 사람 간의 자산 격차가 갈수록 벌어지고 있기 때문이다.

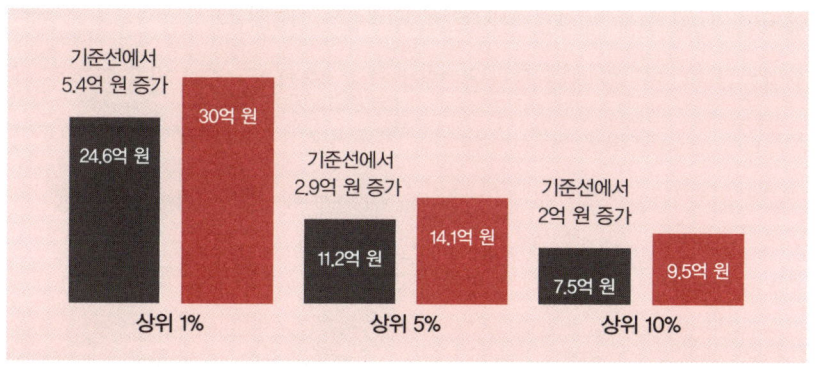

2019년 대비 2024년 부동산 자산 상위그룹 기준선 상승

기준선에서
5.4억 원 증가

30억 원

24.6억 원

기준선에서
2.9억 원 증가

14.1억 원

11.2억 원

기준선에서
2억 원 증가

9.5억 원

7.5억 원

상위 1%　　　　　상위 5%　　　　　상위 10%

자산 그룹	2019년 기준선	증가액	2024년 기준선
상위 1%	24억 6,000만 원	5억 4,000만 원	30억 원
상위 5%	11억 2,000만 원	2억 9,000만 원	14억 1,000만 원
상위 10%	7억 5,000만 원	2억 원	9억 5,000만 원

출처 : 데이터청

　누군가 이 간극을 좁히기 위해 뒤늦게 열심히 투자한다고 가정해보자. 그는 과거보다 훨씬 더 큰 노력을 들여야 자산 격차를 따라잡을 수 있다. 예를 들어, 과거에는 상위 20~30%의 자산가가 상위 10%에 진입하기 위해 '100'의 노력이 필요했다면, 지금은 같은 100의 노력으로는 부족하다. 두 배, 세 배 더 노력해야 간신히 따라잡을 수 있다. 상위 자산가들은 더 빠르고 더 크게 자산을 불려가고 있기 때문이다. 눈덩이가 굴러가면서 커지는 속도를 떠올려보자. 덩어리가 클수록 더 빠르게, 더 폭발적으로 커진다. 하지만 눈덩이가 작으면, 굴려도 속도는 느리고 크기도 덜 늘어난다.

　가격이 올랐어도 모두가 성공한 것은 아니다. 아파트를 25억 원에 매각하고 70억 원짜리 빌딩에 투자했던 A씨의 사례를 다시 살펴보자. 최근 몇 년 동안 아파트와 건물 모두 가격이 급등했으니 수익률도 비슷할 것 같지만, 실제 투자 결과를 따져보면 이야기는 달라진다.

A씨는 아파트를 매도한 금액 25억 원 중 자기 돈 15억 원을 투자해 시세 70억 원 상당의 건물을 매입했다. 이후 3년이 지나 125억 원에 건물을 매도하면서 55억 원의 매각 차익을 실현했다. 세금과 각종 부대비용을 빼면 최소 40억 원에서 최대 50억 원 수준의 매각 수익이 남는다.

반면 A씨가 당시 아파트를 그대로 보유하고 있었다고 가정해보자. 아파트 시세는 현재 약 50억 원에 형성되어 있으므로 단순 매각 차익은 25억 원 수준이다. 하지만 A씨가 다주택자였다는 점을 감안하면 양도소득세 등 세금 부담이 상당했을 것이고, 실질 순수익은 많아야 15억 원 안팎이었을 것이다. 결국 동일한 시점에서의 두 투자 결과를 비교해보면 매각 수익 차이는 25억 원에서 최대 35억 원에 이르며, 이 격차는 시간이 흐를수록 더 벌어질 수 있다.

여기서 하나 더 짚고 넘어가야 할 부분이 있다. A씨가 아파트를 계속 보유했다면 해당 주택에 거주했을 가능성이 크고, 이 경우 임대 수익은 기대할 수 없다. 게다가 고가 주택에 해당했기 때문에 매년 종합부동산세와 재산세 등 고정적인 세금 지출도 상당했을 것이다.

반면 건물은 상황이 다르다. 수익형 부동산이기 때문에 매월 임대료가 들어왔을 것이고, 시세 70억 원대 빌딩이라면 월평균 2,000만 원 안팎의 임대 수익을 예상할 수 있다. 이 수익에서 대출 이자, 관리비, 세금 등을 제하고도 매월 약 1,000만 원의 순수익을 확보할 수 있었던 구조다.

부동산 전체가 상승했다는 것은 자산의 평균값이 높아졌다는 뜻이며, 결국은 '남들보다 더 많이 오른 자산을 보유했는지'가 투자 성패를 결정짓는다. 아파트에 투자했어도 수익을 낼 수 있다. 하지만 단순히 수익이 났다는 것만으로 만족할 수 있을까? 부동산 투자의 본질을 이해하지 못한 다수의 개인 투자자들이 이런 함정에 쉽게 빠진다. 백번 양보해 소폭의 시세차익이라도 얻었다면 손해는 아니라고 위안할 수는 있지만, 투자자 A 씨처럼 수익형 자산에 선제적으로 투자한 사람과 확연한 자산 격차가 생겼다는 것은 부인하기 힘들다. 이 격차는 이전보다 훨씬 더 벌어졌으며, 시간이 흐를수록 더 심화될 수 있다. 이는 자산 양극화가 더욱 심화되었다는 의미다.

건물도 '똘똘한 한 채' 시대

같은 출발선에서 비슷한 속도로 달려왔다고 생각했는데, 어느 날 눈을 떠보니 상대가 훨씬 멀리 앞서가 있는 것을 발견하게 된다. 이제는 경쟁의 시작점을 다시 잡아야 할 때다. 이제부터는 전략적으로, 제대로 된 투자를 해야 한다는 뜻이다.

2022년과 비교했을 때 2025~2026년의 건물 시장은 완전히 다른 국면에 접어들었다. 강남 지역만 봐도 보유한 빌딩을 팔고 싶어 하는 건물주가 절대적으로 많다. 건물 시장은 아파트와 다르다. 모든 정보가 공개되지 않고 끼리끼리 조용히 거래되는 비공식 시장이다. 일반인은 접근하기 어렵지만, 막상 내부를 들여다보면 "가격만 맞으면 팔겠다"라는 매도자가 차고 넘친다.

매물은 많은데 사겠다고 나서는 사람은 많지 않다. 그러다 보니 지금 시장에서 거래되는 물건은 '똘똘한 한 채'로 집중되고 있다. 예전처럼 모든 부동산이 오르던 시기에는 매도자 우위의 시장이었다. 지금은 다르다. 좋은 물건만 거래된다. 아무리 시장이 어려워도 똘똘한 한 채는 여전히 몸값이 올라가고 있다. 상태가 부실한 건물은 가격이 정체되거나 하락하고 있다. 건물 시장도 양극화되고 있는 셈이다. 이쯤 되면 건물 투자자가 어떤 결정을 내려야 할지가 분명해진다. 비싸더라도 '똘똘한 한 채'를 선택해야 한다.

선택의 기준은 구체적일수록 유리하다. 건물의 조건과 내용을 하나하나 뜯어보고 판단해야 한다. 지방보다는 서울, 서울에서도 강북보다는 강남, 강남에서도 송파구보다는 강남구가 유리하다. 이런 식으로 기준을 세운 후 구체적인 입지를 분석해나간다.

예를 들어, 송파구에 투자해야 한다면 석촌역·잠실역·삼전여 인근이 우선순위라는 것을 알아야 한다. 석촌역이라도 서북 방향 건물은 수익률이 높다는 사실까지 체크해야 경쟁력이 생긴다.

이런 상황을 상상해보자. 똑같은 입지에 비슷한 면적과 외관의 건물 두 채가 있다. 그런데 한 건물은 임차인이 금세 들어차고, 다른 건물은 공실이 이어진다. 왜 그럴까? 이는 임차인이 좋아하는 건물이라는 뜻이며, 사람들이 더 오고 싶어 하는 위치라는 뜻이다. 바로 옆에 붙어 있어도 이렇게 다른 상황이 펼쳐질 수 있다.

건물 시장에서는 누가 먼저 임차인을 들이느냐가 관건이다. 월 1억 원의 임대료가 발생하는 입지인데, 내 건물보다 바로 옆 건물이 더 빨리 임차인이 채워진다면? 이는 옆 건물의 공실이 다 채워져야 비로소 내 건물에 순서가 돌아온다는 뜻이다. 만약 내가 소유한 건물이 바로 옆 건물에 비해 공실이 한두 달 길어지면, 옆 건물과 내 건물의 수익률은 차이가 벌어진다. 내 건물의 수익률이 낮으면 상대적으로 옆 건물이 비싼 것이고, 나는 그에 비해 가격이 떨어지는 것이다.

임대료 인상이 쉽지 않은 이유

왜 이런 상황이 벌어질까? 이는 생각보다 구조적인 문제와 깊이 연결되어 있다. 이를 이해하려면 건물 가격과 임대료 사이의 상관관계를 정확히 파악해야 한다.

투자자 B가 있다. 그는 평당 1억 5,000만 원에 노후 건물을 매입한 후 신축을 통해 전체 투자 단가를 평당 2억 원 수준까지 끌어올렸다. 결론적으로 평당 2억 원짜리 건물을 산 셈이니 그에 상응하는 임대 수익이 발생해야 한다. 그래야 대출 이자, 세금, 유지 관리비 등을 감당할 수 있다. 문제는 이 가격에 맞는 임대료를 낼 수 있는 임차인을 찾기 어렵다는 점이다. 시장의 평균 임대료 수준보다 높은 가격에 입주할 임차 수요가 많지 않다. 하지만 건물주는 매입가와 투자 비용을 고려해 임대료를 쉽게 낮추지 않는다. 임대료를 낮추면 건물 가격이 하락하기 때문이다.

이러한 현상은 젠트리피케이션(gentrification)의 촉발 요인으로도 작용한다. 예를 들어, 강북의 한 구도심이 SNS와 입소문을 통해 젊은 층 사이에서 '핫플레이스'로 떠오른다고 가정해보자. 사람들이 몰리면서 새로운 상점들이 들어서고, 유동 인구가 증가하자 대형 브랜드 매장까지 입점한다. 이곳은 점차 관광객까지 몰려드는 상업 중심지로 탈바꿈하게 되고, 자연스럽게 부동산 가격이 상승하면서 건물주와 투자자들이 대거 유입된다.

이후 투자자들은 노후 건물을 고가에 매입한 뒤 신축하거나 리모델링하고, 수익을 맞추기 위해 임대료를 인상한다. 문제는 이때부터 시작된다. 높은 임대료를 감당할 수 있는 임차인은 결국 고가 제품이나 프리미엄 서비스를 제공하는 사업자들이다. 결국 임차인도 이를 가격에 반영하게 되고, 소비자는 '핫플레이스 프리미엄'을 대가로 비싼 가격을 지불하게 된다.

지역 내에 과거부터 터를 잡고 있던 소상공인이 처한 입장은 다르다. 오래된 건물에서 담배 가게나 잡화점을 운영하던 임차인은 급격히 오른 임대료를 감당할 수 없다. 유동 인구가 아무리 늘었다고 해도, 상품 단가 자체가 낮기 때문에 매출 확대에는 한계가 있다. 업종 전환이나 인테리어 투자를 하고 싶어도 자본과 역량이 부족해 쉽지 않다. 결국 기존 자영업자들은 하나둘씩 지역을 떠나고, 저렴한 가격과 정겨운 서비스를 찾던 소비자도 함께 이탈한다. 어느새 상권은 완전히 다른 고가의 소비층과 업종으로 대체된다.

이 시점부터는 지속 가능성이 관건이다. 계속해서 많은 사람들이 찾아오고, 값비싼 상품과 서비스를 끊임없이 소비해야 상권이 유지될 수 있다. 하지만 유행이 시들고, 지역의 매력이 사라지면 사람들도 자연스레 발

길을 끊는다. 경리단길은 이러한 현상의 대표적인 사례다. 한때는 발 디딜 틈 없이 붐비던 곳이었지만, 지나치게 인상된 임대료와 무분별한 젠트리피케이션으로 인해 상권이 급속히 몰락했다. 현재 가로수길 또한 비슷한 위기에 직면해 있으며, 공실률이 빠르게 증가하는 추세다. 경리단길의 악몽이 다시 재현될 수 있다.

이처럼 건물 가격, 임대료 상승, 젠트리피케이션, 상권의 흥망성쇠는 독립된 문제가 아니라 복잡하게 얽혀 있다. 현재 많은 건물주들이 이러한 상황에 직면해 있다. 고가에 건물을 매입했지만, 그에 상응하는 임대 수익을 올릴 임차인을 찾는 일이 결코 쉽지 않다.

그렇다면 건물주의 입장에서 이러한 시장 현실을 어떻게 받아들이고 대응해야 할까? 리스크는 계속 커지고 있는데, 과거처럼 단순히 '오르면 된다'라는 방식으로 접근해서는 더 이상 통하지 않는다. 이제는 바뀐 시장 구조를 먼저 이해하고, 리스크 요인이 어디에 있는지 분석해야 할 시점이다. 꼬마빌딩 투자자라면 이 구조적 문제를 직시하고, 임대 수익과 공실 리스크의 균형을 현실적으로 따져보는 안목이 무엇보다 중요하다.

<Insight>
타워팰리스의 미래

타워팰리스가 지어진 지 30년 가까이 되고 있다. 노후화의 길에 접어든 타워팰리스의 밸류업 또는 리모델링이 어떻게 진행될지가 무척 궁금하다. 국내 부동산 환경이 급변하는 상황 속에서, 앞으로 타워팰리스가 어떻게 개발될지에 따라 한국 주택 시장의 미래를 예견해볼 수 있기 때문이다.

타워팰리스는 1994년 부지 매입 후 우여곡절 끝에 2002년 입주한, 명실공히 대한민국 최고급 주거 문화의 상징이었다. 당시 존재하지 않았던 미국식 고급 주상복합 아파트모델을 들여왔고, 당대 최고가로 분양되면서 화제 몰이를 했다. 지금도 타워팰리스는 여전히 우리나라 상위 1%가 사는 고급 주거지다. 한남더힐이나 나인원한남과는 또 다른 상징성을 가진 곳으로, 대대로 성공한 사업가나 유명 연예인이 사는 곳이라는 이미지가 강하다. 유튜브에 소개되는 타워팰리스 입주 세대의 인테리어 영상을 보면 엄청난 전망을 자랑하는 집들이 많다. 하지만 제아무리 타워팰리스라고 해도 시간 앞에서는 자유로울 수 없다. 앞으로 10~20년 후가 되면 구조적·기능적 리모델링이 필요한 순간이 오기 때문이다.

다행히 건물 구조 자체에는 큰 문제가 없다. 처음부터 워낙 튼튼하게 지었기 때문이다. 하지만 '내장 기관'이 문제다. 제아무리 동파이프를 사용한다고 해도 시간이 지나면 푸른 녹이 피고, 주철로 만들어진 하수 배관도 썩는다. 겨울과 여름의 반복된 수축과 팽창은 이음새 부위를 느슨하게 만들어 언젠가는 오수가 샐 수밖에 없다. 실제로 오래된 아파트에서 발생하는 악취의 원인이 이런 설비 시설의 노후화에서 발생한다. 타워팰리스라고 예외일 수 없다.

결국 타워팰리스도 변화를 준비해야 한다. 건물 노후화로 재산 가치에 손상이 발생하기 전에 '개발' 필요성이 대두될 텐데, 여기에 들어갈 엄청난 비용을 누가 감당하느냐가 문제로 남을 것이다. 50~70층의 초고층이기 때문에 새로 분양한다고 해도 유입되는 세대 수에는 한계가 있다. 거주자들이 자기 돈을 들여 개발하는 방법도 고려할 수도 있다. 하지만 투자자 입장에서 50억 원 주고 산 아파트가 수십억 원을 투자해 100억 원으로 오른다고 해도 이 투자가 맞는 것인지는 확신이 잘 서지 않는다. 투자와 보유에 들어가는 비용이 더 많아지거나, 자산 가격이 하락할 가능성도 배제하기 힘들다.

이런 고민은 타워팰리스만의 문제가 아니다. 요즘 아파트 재건축이 점점 어려워지고 있는데, 특히 지방 아파트에서 이런 현상이 많이 보인다. 인구는 줄어드는데 수요는 없고, 건축비는 계속 상승하니 사업성이 없어 재건축이 불가능하다. 아무리 싸게 내놔도 집을 사려는 사람은 없다. 이런 지방 재건축 아파트 상황이 수도권 고급 아파트로 번질 수 있다.

타워팰리스의 미래는 대한민국 고급 주택 시장의 방향성을 보여주는 바로미터가 될 것이다. 국내 주택 시장 전체의 구조, 특히 초고층 고급 주상복합의 미래가 어떤 방식으로 '리셋'될지에 대한 테스트 베드(test bed)이기 때문이다. 밸류업을 통해 다시 고급 주거 상품으로 거듭날지, 거듭되는 노후화로 슬럼화의 길을 걸을지 투자자의 눈으로 지켜봐야 할 것이다.

PART 2

리스크를
파악하라

공실 리스크 :
자영업자 100만 명 폐업 시대

아파트 시장에서는 미분양이 가장 위험하다. 살 사람이 없으니 건설사는 파산 위기에 처한다. 상업용 부동산에서는 공실이 그 자리를 대신한다. 건물 매입 또는 개발에 들어간 비용을 '원가'라고 할 때, 투입된 원가를 회수하는 방식은 임대 수익을 내는 것이다. 건물을 다 지었는데 공실이 발생하면? 해당 면적에 대한 임대 수익은 없다는 뜻이다. 이는 건물의 수익률 전체를 무너뜨린다. 건물을 지었는데 공실이 발생하면 최악이다.

지금 건물 시장은 그 어느 때보다 불확실성과 변동성이 크다. 코로나 팬데믹 이후 급격한 산업 구조 재편, 플랫폼 경제의 시장 지배력 확대, 스타트업 투자 위축, 리테일 산업의 몰락, 그리고 대내외 경제 불황이 복합적으로 작용하고 있다. 일시적 경기 침체로 인한 문제가 아니라, 구조적 변화에 기인한 장기적인 현상이라는 점에서 더 심각하다.

공실을 피하려면 좋은 입지로 가는 수밖에 없다. 제아무리 힘들다고 해도 '되는 놈은 되기' 때문이다. 힘들다고 아우성치는 지금도 테헤란로나 명동, 종로처럼 고급 오피스와 프라임급 입지에 위치한 빌딩은 여전히 높은 수요가 존재하며, 공실이 발생해도 빠르게 임차인을 찾는다. 임대료가 쉽게 낮아지지 않는다는 특성도 있다. 입주하고 싶은 기업이 많기 때문이다. '테헤란로에 입성했다'라는 것 자체가 회사의 성공을 보여주는 것으로 상징되기 때문이다.

반면, 사람들이 선호하지 않는 입지에 건물이 있다면 경기가 불황일 때 공실 직격탄을 맞는다. 이는 건물 부동산 시장의 양극화를 더 부추기고 있는 요인이다. 공실 리스크는 현대 상업용 부동산 시장에서 가장 본질적이며 회피하기 어려운 위험 요소다. 시장의 공실 리스크를 유발하는 구체적 원인은 무엇인지, 그런 요인들이 어떻게 시장을 흔들고 있는지 살펴보자.

자영업의 몰락

시장의 공실 리스크를 유발하는 첫 번째 원인은 자영업의 몰락이다. 자영업자를 대상으로 한 2024년 통계를 살펴보면, 폐업 신고한 사업자 수가 100만 명에 육박한다. 이는 관련 내용의 통계 집계가 시작된 2006년 이래 가장 높은 수치다.

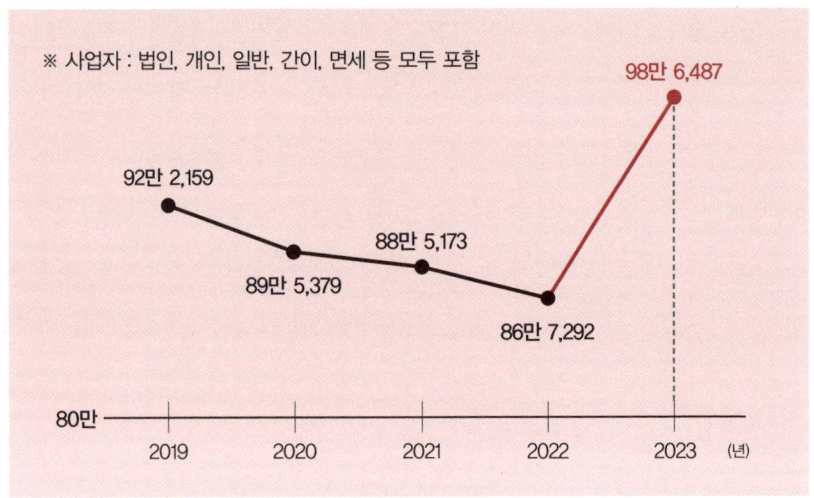

최근 5년간 폐업사업자 추이

※ 사업자 : 법인, 개인, 일반, 간이, 면세 등 모두 포함

98만 6,487

92만 2,159

89만 5,379

88만 5,173

86만 7,292

80만

2019 2020 2021 2022 2023 (년)

출처 : 국세청

역사적으로 자영업의 시작점은 시장에서 출발했다고 보는 게 맞다. 한 국이 산업화와 경제 발전을 이루면서 자영업 문화는 폭발적으로 커졌다. 인구 5,000만 명의 나라에서 자영업자 숫자가 한때 1,000만 명에 달했지 만, 지금은 그 숫자가 빠르게 줄고 있다. 자영업자가 버티기 녹록지 않은 시장이라는 뜻이다. 한편에서는 이를 자연스러운 시대 흐름이라고 보기도 한다. 하지만 우리는 그보다 더 근원적인 사회 구조 변화가 있음을 눈치 채야 한다.

과거에는 동네 곳곳에 작은 슈퍼마켓이 있었고, 사람들이 이곳에서 생 필품을 구입했다. 슈퍼마켓 주인은 수익의 100%를 온전히 '내 것'으로 챙 겼다. 지금은 골목 슈퍼마켓은 찾아보기 힘들다. 대신 그 자리에 들어선 것이 편의점이다. 편의점은 대기업의 하청 업체와 비슷하다. 많이 팔면 팔수록 기업이 떼어가는 수수료도 함께 높아진다. 이익을 나누는 것이다.

옛날에는 능력 있는 자영업자가 사업을 확장하며 성공 가능성을 모색할 수 있었다. 여기서의 '성공'은 단순한 생계 유지가 아니라, 매장을 확장하고 브랜드를 키우는 것을 의미한다.

약 20년 전, 풍납동에서 냉면 맛집으로 이름을 날리던 식당이 있었다. 식당 사장님은 당시 건설 노동자들을 대상으로 포장마차에서 냉면을 팔았는데 인기가 높아지자 아예 터를 잡고 냉면 가게를 열었다. 일반인에게도 폭발적인 인기를 끌면서 맛집으로 등극했고, 다시 체인점으로 발전했다. 프랜차이즈가 아니라, 본인의 조리법과 운영 방식으로 여러 곳에 매장을 확장하면서 견실한 사업체를 꾸렸다.

1세대 자영업자 중에는 본인의 브랜드를 키워내 회사로 성장시킨 사례가 많다. 하지만 지금은 이런 경우를 찾기 어렵다. 현재의 자영업 구조는 대기업에게 먹히는 구조다.

프랜차이즈 하청업체로 전락한 자영업자

자영업자의 위기를 보여주는 대표적인 업종이 치킨 사업이다. 현재 치킨 시장은 브랜드도 많고 경쟁도 치열하다. 장사를 처음 시작하는 사장님은 노하우가 부족하기 때문에 프랜차이즈 가맹 계약을 맺고 본사에서 제공하는 매뉴얼대로 장사를 시작하는 쪽을 택한다. 하지만 장사가 잘될수록 가맹점에 내야 할 수수료 납부 비율이 올라간다. 팔면 팔수록 본사에 쥐야 할 비용이 매출과 비례해서 높아지기 때문이다. 자영업자가 돈을 벌 수 있는 구조 자체가 만들어지지 않는다.

이런 플랫폼 중심의 경제 구조 안에서는 자영업자의 생존 기반이 근본적으로 위협받는다. 과거에는 자영업자 스스로가 고객을 유치하고, 제품과 서비스를 기획하며, 마케팅까지 담당했다. 그러나 지금은 플랫폼이 지정한 알고리즘 내에서 경쟁해야 하며, 플랫폼 상단 노출과 리뷰 수, 광고 집행 여부 등에 따라 생존이 결정된다. 이 구조에서는 자영업자의 수익률이 지속적으로 악화된다.

최근 서울시가 프랜차이즈 식당 가맹점들의 매출을 분석한 결과, 배달로 번 돈의 24%를 플랫폼 업체 수수료로 내고 있다. 예전에는 장사가 잘 될 때 벌어들인 수익을 일정 부분 모아뒀다가 경기가 나쁠 때 이를 활용할 수 있었다. 지금은 장사가 잘되어도 본사가 수익을 떼어가지만, 장사가 안될 때도 똑같이 떼어간다. 이처럼 자본을 축적할 수 없는 상황에서는 생계 유지 이상을 기대하기 어렵다.

프랜차이즈 사업을 벌이다 실패하면 그 책임은 온전히 개인의 몫이다. 맥도날드 지점을 운영하다 망하면 개인은 파산한다. 하지만 지점이 망했다고 맥도날드 본사가 위협받는다는 이야기를 들어본 적은 없다. 이것이 프랜차이즈 사업의 본질이다. 이는 장기적으로 자영업자의 기반 자체를 뒤흔든다.

플랫폼 경제가 공실을 만든다

예전에는 아파트 단지마다 치킨집과 부동산, 세탁소가 들어와 있었다. 지금은 사람들이 길을 걸어다니며 상품과 서비스를 구매하지 않는다. 생필품은 쿠팡에서 주문하고, 음식은 배달 플랫폼으로 시킨다. 실제 영업공간의 필요성이 줄어들고, 물리적 점포에 대한 수요는 급격히 감소한다. 프랜차이즈를 운영하는 대기업 입장에서는 똑같은 매장이 여러 개 있을 필요가 없으니 매장 수를 줄인다. 이는 필연적으로 건물의 공실로 이어진다.

자영업 시장의 변화 속도도 빨라졌다. 과거 골목 슈퍼마켓이 편의점으로 대체되기까지는 수십 년이 걸렸다. 이때는 자영업자가 변화에 적응하면서 버틸 수 있는 시간이 있었다. 지금은 하루가 다르게 변한다. 빠르게 확산하는 키오스크 매장, 무인 점포의 증가 등으로 변화 속도에 느린 자영업자일수록 흐름을 따라가지 못해 탈락하기에 십상이다.

은퇴를 앞둔 베이비부머 세대에게 한 가지 당부할 것이 있다. 퇴직 후 미래의 삶을 계획하면서 프랜차이즈 창업에 많이 도전하는데, 정말 심사숙고해야 한다. 대부분의 은퇴자는 마음이 급하다. 남아도는 시간과 공백을 견디지 못하고 뭐라도 빨리 시작해야 한다고 생각한다. 어설프게 시작하느니 시스템이 잘 갖춰진 프랜차이즈를 창업해서 실패 확률을 낮추려한다. 그래서 창업 박람회를 순례한 끝에 프랜차이즈 가맹업을 선택한다. 이름 들으면 알 만한 빵집, 커피숍, 치킨집, 스크린 골프 등을 덜컥 계약하지만, 이 과정에서 중요한 사실을 놓친다. 자영업 성공 여부는 브랜드가 아니라, '자신이 얼마나 그 사업을 잘 이해하고 운영하느냐'에 달렸다.

앞서 말한 것처럼 자영업 시장은 지금 대변혁기를 겪고 있다. 플랫폼 경제의 확산뿐만 아니라 소비 패턴, 입지, 브랜드 충성도, AI 시대 도래 등 모든 요소가 과거와 다르다. '과연 내가 이 시장에서 살아남을 수 있는가?'를 깊게 고민해야 한다. 시장을 분석하고 철저히 준비해서 시작하지 않으면 순식간에 퇴직금을 날릴 수 있다.

12월 말부터 이듬해 3월까지 창업 박람회가 많이 열린다. 희망퇴직이 이때 몰려 있기 때문이다. 프랜차이즈 회사들은 은퇴자들이 가진 퇴직금을 빨아들이기 위해 이 시기에 맞춰 '잔칫상'을 차린다. 은퇴자들은 적게는 수천만 원, 많게는 수억 원을 프랜차이즈 본사에 갖다 바친다. 한번 장사를 시작하면 적자가 나도 '울며 겨자 먹기'로 한동안 유지해야 하는 경우도 많다. 결국 밑바닥이 보일 때까지 자금을 끌어 쓰다가 망하는 경우가 부지기수다. 50~60대 은퇴자 중에 프랜차이즈 창업을 염두에 두고 있다면 나는 이렇게 조언한다.

"야수들이 벌이는 잔칫집에는 가지 마세요!"

벤처기업이 사라지면서 건물이 통으로 비었다

꼬마빌딩 통임대 수요도 줄고 있다. 이는 시장의 공실 리스크를 유발하는 두 번째 원인으로 꼽는다.

강남구 논현동 이면 도로의 꼬마빌딩을 살펴보자. 당시 투자자들은 대로변 뒤쪽의 빌라를 사서 허물고 3~5층 내외의 건물을 신축했다. 작고 예쁜 신축 건물에는 콘텐츠 회사나 스타트업 기업이 속속 들어왔다. 수요의 핵심축은 영화사, 스튜디오, 엔터테인먼트 회사, 기획사, 벤처 기업, 스타트업 등이었다.

당시만 해도 창업 생태계가 활발했다. 시장에는 투자 자금이 몰렸고, 자금을 지원받은 소규모 콘텐츠 회사나 벤처 창업자들은 투자금으로 통건물을 임대하거나 아예 꼬마빌딩을 사서 입주했다. 벤처기업에 투자하면 세제 혜택을 받을 수 있었고, 대출 금리까지 낮은 덕에 기업가 정신을 기반으로 한 새로운 비즈니스가 끊임없이 생겨났다 사라졌다. 당시의 벤처 붐이 꼬마빌딩 통임대 수요를 견인했다.

지금은 벤처기업에 대한 투자가 거의 이뤄지지 않는다. 투자 시장이 빠르게 위축되면서 가장 먼저 타격을 받은 곳이 꼬마빌딩이다. 임차 수요기 사라졌기 때문이다. 과거에는 경기가 좋았고, 특히 코로나 시기에는 시중에 자금이 풍부했다. 당시 일부 자산가나 기업들은 어차피 세금으로 낼 돈이면 차라리 스타트업에 투자하는 게 유리하다고 생각했다. 투자한 벤처기업이 성공하면 대박이 나는 것이고, 안되면 세금 낸 셈 쳤다. 지금은 누구도 그렇게 낙관적으로 말하지 않는다. 투자자는 똑똑해졌고, 기업도 투자 구조를 바꿨다.

국내 유명 사립대학은 학교 안에 벤처기업을 만든다. 기업도 마찬가지다. 국내 유명 글로벌 대기업 중심으로 회사 내부에 벤처기업을 만드는 게 유행이다. 과거 투자금이 버려진 돈이 되었던 실패 사례를 바탕으로 더 이상 시간과 돈을 허비하지 않는 시스템을 구축한 것이다. 기업이 자사의 네트워크와 정보망을 활용하면서 벤처 성공 확률도 높아지고 있다.

기업이 사내에 벤처기업을 만들거나 기업 부설 연구소를 세우면 세제 혜택을 많이 받는다. 이익이 발생하면 직원에게 나눠줄 수도 있는데, 이러면 세제 혜택 비율도 높다. 투자자는 똑똑해졌고, 기업도 투자 구조를 바꿨다. 아이디어만으로는 돈을 끌어모을 수 없으며, 시장은 성과와 실적을 요구한다. 그 결과, 독립적인 벤처기업이나 스타트업 회사가 사라졌고, 그들을 주요 수요처로 삼았던 꼬마빌딩의 통임대 수요가 대부분 사라졌다.

리테일 구조의 붕괴로 공유 오피스 환상이 깨졌다

한때 공유 경제가 큰 주목을 받았다. 위워크, 패스트파이브와 같은 공유 오피스 기업이 앞다퉈 확장했고, 소비자도 신개념 오피스라며 관심을 보였다. 하지만 유행은 오래가지 못했다. 현재 대부분의 공유 오피스 회사가 수익성 문제에 부딪혔다.

공유 경제, 그중에서도 특히 공유 오피스 모델은 성공하기 쉽지 않다. 공유 경제 구조 자체가 리테일 산업에 가깝기 때문이다. 리테일 산업은 '값이 저렴해야 한다'라는 기본 전제를 깔고 있다. 원가 대비 수익을 내야 하는 구조에서 가격 경쟁력이 핵심이다. 하지만 지금처럼 땅값과 임대료가 높으면 성공하기 힘들다. 물론 중국처럼 내수 시장이 크고, 거대한 소비 인구를 바탕으로 한 국가라면 예외일 수도 있다. 그러나 그마저도 한계가 뚜렷하다.

최근 몇 년 사이 성수동을 보면 공유 경제의 약점을 엿볼 수 있다. 성수동의 주요 상업 시설이나 매장이나 기업 대부분 마케팅 목적으로 입점한다. 이들은 물건을 팔아서 임대료를 감당하는 것이 아닌, 브랜드 홍보를 위한 단기 팝업 스토어나 플래그십 스토어 형태로 '돈을 써가며' 매장을 운영하고 있다. 일종의 '광고 공간'인 셈이다.

가로수길에서도 비슷한 사례를 찾을 수 있다. 애플 매장이 들어섰을 때 사람들이 가로수길의 성공을 예상했다. 사실 애플은 그 공간에서 휴대전화를 많이 팔려던 게 아니다. 브랜드 이미지를 구축하고 소비자 체험 공간을 만들기 위한 전략이었다. 애플 매장을 시작으로 자라 등 유명 패션 기업도 속속 들어왔지만, 그들 역시 마케팅 목적이 컸고, 효과가 떨어지면서 재빨리 그곳을 빠져나갔다.

하지만 자영업자는 그럴 수 없다. 임대료를 벌어야 하고, 그러려면 그 공간 안에서 직접 물건을 팔아 수익을 남겨야 한다. 마케팅 목적이 아닌 실제 판매로 승부를 봐야 한다. 월 임대료가 수천만 원 혹은 수억 원에 이른다면 일반 사업자 혹은 자영업자는 버티기 힘들다.

공유 오피스를 바라볼 때도 비슷하다. 많은 사람이 공유 오피스가 공실 없이 꽉 차 있으니 안정적인 임대 수익이 날 것이라고 기대한다. 하지만 실상은 단기 임차, 보여주기성 입주 등이 많다. 사용료가 비싸니 시간이 흐를수록 수요 감소 위기에 직면한다. 이는 건물 임대 시장의 공실 리스크에 추가적인 부담을 안겨주고 있다.

정책 리스크 :
개발 이슈 따라다니며 투자하지 마라

정책이 자꾸 바뀌면 투자자는 혼란스럽다. 특히 개발 관련 정책은 정부 성격과 지역 정치인이 누구인지에 따라 언제든지 바뀔 수 있는 불안정한 영역이다. 이는 투자자의 수익성과 직결된다. '성수전략정비구역을 개발하겠다'라는 발표가 처음 나왔을 때를 떠올려보자. 언론에서 대대적으로 띄웠고, 시장 분위기도 들썩였다. 하지만 실제로 그 지역이 언제, 어떤 조건으로 개발이 진행될지에 관한 내용은 정확하지 않았다. 그때가 벌써 15년 전이다.

서울 시장이 물러난 후 한동안 잠잠하다가 다시 사업이 추진되는 분위기지만 인허가 문제, 세금 문제 등 여전히 수많은 문제가 풀리지 않고 남아 있다. 현재 성수전략정비구역 중에서 실제로 가장 빠른 곳은 1구역이다. 2구역, 3구역, 4구역은 어떻게 될지 알 수 없다. 더 늦어지면 해당 사업 전체가 이도 저도 아닌 상황에 빠질 수 있다. 다시 10년 이상 기다려야 하는 일이 벌어질 수도 있다. 15년 전에 들어왔던 투자자라면 엄청난 기회비용을 날리고 있다.

더 큰 문제는 정책의 연속성을 기대하기 힘들다는 것이다. 지자체장이 바뀌면 앞선 지자체장이 추진하던 개발 사업은 우선순위에서 밀린다. 굳이 전임자가 추진하던 사업을 이어가야 할 필요성을 못 느끼는 것이다. 정치인 입장에서는 자신의 이름을 건 새로운 사업을 추진하는 쪽이 더 큰 정치적 효과를 얻을 수 있다. 최근 정부가 공급 확대 정책을 펴겠다고 시장에 사인을 줬다. 그런데 공급 확대가 어떤 방식으로 진행될지는 아직 아무도 알 수 없다.

민간 개발업체가 아파트를 짓는다고 가정해보자. 그런데 정부가 바로 옆 부지에 임대주택을 공급하겠다고 발표한다. 이러면 민간 사업자는 타격을 받는다. 대표적인 사례가 용산정비창 부지다. 현재 이곳은 대규모 랜드마크 개발을 추진하고 있다. 하지만 과거 문재인 정부, 박원순 시장 시절에 공공임대주택 공급 논의가 있던 곳이다. 만약 정부가 정책 방향을 바꿔 임대 아파트를 짓는다고 결정하면 주변 상권과 민간 투자자에게는 상당한 리스크가 될 수 있다.

왜 리스크가 되는지 압구정동 사례로 살펴보자. 압구정동 아파트 단지는 개발된 지 40년이 넘어가면서 거주자 중 임차인 비율이 반을 넘어서고 있다. 건물이 낡은 데다 주차 공간 부족 등 여러모로 불편한 점이 많으니 소유주는 인근 신축 아파트로 옮겨 앉고 세를 준다. 임차인이 들어오면서 근처에 조성되었던 고급 소비 상권이 약화되었다. 과거 즐비했던 인근 명품숍은 지금은 찾기 어렵다. 대신 그 자리에 음식점 등 비교적 단가가 낮은 업종이 들어왔다.

이런 변화는 빌딩의 임대 수익, 매각 가치, 전체 투자 수익률까지 영향을 미친다. 임차인이 판매하는 상품 가격이 낮아지면 임대료 수익도 낮아지고, 결론적으로 건물 가격이 달라진다. 건물 투자 내용 자체가 완전히 달라지는 것이다. 결론적으로 고급 소비가 끊긴 상권은 투자 관점에서 수익성 하락 구간으로 진입하는 결과를 낳는다.

변동성 높을 때는 안정성이 우선이다

지금까지는 정부 정책이나 개발 계획 발표에 따라 부동산 투자 수요가 몰리곤 했다. 하지만 지금은 이런 투자 방식이 매우 위험해 보인다. 정책은 집권 정부의 성향에 따라 언제든지 바뀌며, 개발되었다고 해도 성공할지 알 수 없다. 실제로 하남 미사신도시 개발 계획 후 상업용 부동산을 매입한 사람이 많았다. 지금은 상당수가 공실이다. 정책 이슈를 따라다니면서 투자하는 것이 얼마나 위험한지를 보여주는 대표적인 사례다.

또 하나, 정책과 개발 이슈는 정치와 깊게 연관되어 있다. 정치권과 연결된 이들 가운데 핵심 정보에 접근할 수 있는 사람들은 선도적으로 투자하고 타이밍에 맞춰 곧바로 빠져나온다. 이렇게 발 빠르게 투자할 수 있는 사람은 많지 않다. 보통은 언론 보도나 소문에 기대어 투자 결정을 내리는데, 시류 흐름에 편승한 투자는 실패할 확률이 높다.

지금처럼 정책 변동성이 높은 시장에서는 안정성을 최우선 가치로 삼아야 한다. 투자자에게 '이미 만들어진 상권, 흔들리지 않는 입지로 가십시오'라는 말을 자주 하는 이유다. 정책이 바뀌고 경제 상황이 변해도 결국 살아남을 곳은 '유행을 타지 않는 상권'이다. 이런 상권은 시장에 변수가 발생해도 크게 흔들리지 않고 항상 수요가 꾸준하다. 당연히 공실이 적을 수밖에 없다.

마곡 투자, 조심해야 하는 이유

최근 '코엑스 마곡' 개발이 완성되면서 마곡 투자에 관심 두는 사람들이 있다. 지금으로서는 이곳이 삼성동 코엑스처럼 성공할 수 있을지 장담하기 어렵다. 실제로 전문가들은 마곡 투자의 한계를 지적하는 중이다. 그러나 분양 현장에 가보면 일반 투자자 생각은 달라 보인다. 대기업이 직접 들어와서 '우리가 키운다'라고 말하니 이를 믿고 투자에 나선다.

마곡은 국민연금을 비롯해 자산운용사, 대기업 등 대규모 자금이 유입된 곳이다. 이런 자본은 지역의 상업적 실패를 그냥 내버려두지 않는다. 이들은 분양을 성공시키기 위해 지역을 띄운다. 하지만 일정 수익이 실현되면 재빨리 빠져나간다. '자기 돈'이 아니기 때문이다. 이들의 진짜 목적은 투자 자금을 모집해 운용하고 수익이 나면 이자 등 수익을 분배하는 것이다.

과거 P사가 제주도 호텔 개발 사업에 투자한 후 매각하고 빠져나간 사례와 비슷하다. 이들이 빠진 후에 그 자리를 채우는 자본은 성격이 달라진다. 이때는 단순 투자 자본이 아닌, 실제로 그 지역에서 사업장을 열고 장기적으로 끌고 가는 자본이어야 한다.

예를 들어, 신세계나 롯데처럼 자사 브랜드를 걸고 직접 운영하면서 사업을 장기간 지속할 수 있으면 좋다. 이들이 호텔이나 놀이공원, 백화점 등을 운영하면 계속해서 사람들을 유입시키는 힘이 생긴다. 만약 이런 사업자가 들어오지 못한다면? 그때부터는 지역의 침체 확률이 높다. 최악의 상황은 분양받아 입주한 사업자들이 망해서 나가는 것이다. 실제로 그렇게 되는 사례를 찾기 어렵지 않다.

물론 마곡은 대규모 자본이 투입된 만큼 당분간 지역을 띄우려는 노력이 이어질 것이다. 하지만 문제는 그다음이다. 분양이 모두 끝난 뒤 대자본 그룹이 철수하면 책임지는 주체가 사라진다. 주식 시장에서 개미가 희생양이 되는 것처럼, 부동산 분양 시장에서도 똑같은 일이 반복될 수 있다. 특정 지역에서 정부 주도의 정책 개발, 대기업 자본, 대형 자산운용사들이 얽혀 있다면 이런 투자 시장에서 개인이 살아남기가 쉽지 않다. 마곡 역시 이런 구도가 재현될 조짐이 보인다. 지금 이곳에 투자하는 것이 맞는지 진지하게 고려해봐야 한다.

세금 리스크 :
양도세, 재산세, 소득세 이해하기

우리나라는 지난 40~50년간 빠르게 성장했다. 중요한 것은 이 50년간의 경제 성장 과정이 한 세대 안에서 집중적으로 이뤄졌다는 점이다. 1950년대생부터 1970년대생까지, 흔히 말하는 베이비붐 세대기 이 개발 이익의 수혜를 독점하다시피 했다. 이들이 현재 우리나라 전체 자산의 70~80%를 보유하고 있다.

문제는 지금부터다. 엄청난 자산이 한 세대에 집중되어 있으니 다음 세대로 자산을 넘기는 과정이 중요하다. 여기에서 세금 리스크가 등장한다. 자산을 이전하려는 순간 절반이 세금이다. 요즘 투자자 사이에서 가장 많이 회자되는 단어가 세금인 이유가 여기에 있다. 건물 투자자에게 특히 중요한 것이 자산 이동에 따른 절세 전략이다.

양도세는 통합적으로 사고하라

주택과 달리, 상업용 건물에 매겨지는 세금은 비교적 단순하다. 취·등록세와 보유세, 양도세, 재산세, 법인세 등이다. 하지만 집행 시기나 절차, 요건에 따라 각 세금이 서로 다양하고 복잡하게 얽히기 때문에 어렵게 느껴진다(부가가치세는 사업할 때 필연적으로 따라붙는 세금이므로 여기에서 특별히 언급하지 않는다).

먼저 건물 양도세를 살펴보자. 2021년 전까지 한 건물에 주거 시설과 상업용 시설이 함께 있을 때는 주택인지, 상가인지 판단한 후 양도세를 매겼다. 건물의 60%를 주거용으로 사용하고 나머지 40%를 상업용으로 사용하면 건물 전체를 주택으로 간주해 양도세를 적용했다는 뜻이다. 당시 세율 차이가 컸기 때문에 세금을 줄이기 위한 편법이 동원되었다. 하지만 2021년 이후부터 주택용과 상업용을 면적 비율로 구분해 과세하고 있다. 건물의 60%가 상업용이면 상업용 부동산으로, 나머지 40%는 주택용으로 간주해 각각 양도세를 부과한다는 뜻이다.

양도세는 시세 차익, 즉 싸게 사서 비싸게 판 차액에 부과되는 세금이다. 3억 원에 산 건물을 30년 후 100억 원에 팔았다면 양도세 과세 대상 금액은 97억 원이다. 이때 활용할 수 있는 절세 수단이 장기보유특별공제(이하 장특공제)다. 건물 장특공제는 최소 10년 이상 보유했을 때 최대 30%까지 공제받는다. 97억 원의 양도차익이 있을 때 공제 가능 금액은 최대 30억 원이다. 나머지 67억 원에 세율 45~50%를 적용하면 30억 원 이상을 세금으로 내야 한다.

양도세 납부 뒤 남은 70억 원을 자녀에게 증여 또는 상속하려는 순간, 다시 세금을 내야 한다. 증여세(상속세)율은 통상 50% 수준이므로 70억 원에서 35억 원을 세금으로 내면 자녀가 실질적으로 받게 되는 자산은 35억 원이다. 처음에는 100억 원짜리 건물이었는데, 최종적으로 자녀가 35억 원을 받으니 실제로는 65%가 세금으로 사라지는 구조다. 이처럼 양도세는 증여나 상속과 거의 한 몸으로 움직이기 때문에 단건으로 파악하면 낭패다. 요즘 고액 자산가들이 세금 부담을 줄이기 위해 미국 등 해외로 자산을 이전한다는 이야기가 많이 들린다. 높은 상속세를 회피하기 위한 방편일 수 있다.

또 하나 잊지 말아야 할 것이 있다. 사람들은 양도세가 발생하면 그것만 생각하는데, 얽혀 있는 기타 세금들과 통합적으로 사고하는 습관이 필요하다. 재산세로 1년에 수천만 원, 심지어 수억 원을 냈다면, 양도차익금에서 이 비용도 제외하는 것이 맞는 손익계산법이다. 유지할 때 들어가는 모든 비용을 제외해야 실질적으로 얼마가 남았는지를 계산할 수 있으며, 이것이 투자 결과를 정산하는 기본 셈법이다. 특히 보유한 자산의 상당수가 상업용 부동산이고, 이를 매도해 자녀에게 물려줄 계획이 있다면 이런 종합적인 판단은 필수다.

건물 재산세와 소득세

주택은 공시가격에 공정시장가액 비율을 적용해 비교적 낮은 세율로 재산세를 낸다. 50억 원짜리 강남 아파트를 한 채만 갖고 있으면 재산세율은 약 0.35% 내외다. 물론, 공시가격이 12억 원이 초과되므로 종합부동산세도 부담해야 한다. 하지만 똑같은 50억 원으로 건물을 가지고 있으면 시가표준액에 공정시장가액을 적용해 재산세를 납부한다. 여기에 건물에서 임대소득이 발생하기 때문에 소득세가 추가된다. 소득세는 개인사업자라면 종합소득세로, 법인이라면 법인세로 과세된다.

 법인으로 건물을 가지고 있고, 한 달에 월세 1,000만 원이 들어온다고 가정해보자. 이런 경우, 연간 약 1억 2,000만 원의 임대소득이 생긴다. 이때 법인이라면 법인세 20%가 부과된다. 개인 명의라면 종합소득세를 내야 한다. 연봉 1억 원을 받는 월급쟁이 개인이라면, 연봉 1억 원과 임대소득 1억 2,000만 원을 합쳐 총 2억 2,000만 원에 대해 종합소득세를 내야 한다. 이 정도면 최고소득세율 구간이기 때문에 세금이 50% 가까이 된다. 임대소득으로 1억 2,000만 원을 벌어 세금으로 6,000만 원 가까이 토해낼 수 있다. 소득이 있는 곳에 세금이 있기 때문에 불로소득 같은 것은 아예 꿈을 꿀 수도 없다.

> **TIP.**
> 법인 소유 부동산은 재산세 등의 세금을 비용 처리한다. 이것이 절세의 효과다.

건물을 대출받아야 유리하다

건물 임대료 1억 원을 벌어 세금으로 5,000만 원을 내고 나면 허탈해진다. 세금을 줄일 수 있는 방법은 없을까? 건물에 대출이 있으면 절세가 가능하다.

개인이 건물 임대사업을 할 때 건물을 담보로 대출을 받으면 대출 이자를 비용으로 처리할 수 있다. 앞서 사례처럼, 임대소득이 연 1억 원인데 건물 대출을 받아 연간 5,000만 원의 이자가 발생한다면, 이를 비용 처리한다. 남은 5,000만 원만 종합소득세 과세 대상이다. 종합소득세율이 높을 경우, 이자 비용의 유무에 따라 세금이 수천만 원 차이 날 수 있다.

건물 임대사업자 등록을 하고도 대출을 받지 않는 사람이 있다. 건물 대출을 받으라고 권유하면 "내가 대출을 왜 받아? 왜 은행에 이자를 갖다 바쳐?"라며 화를 내기도 한다. 하지만 이는 앞으로 남고 뒤로 밑지는 결과다. 은행에 낼 이자가 없으니 임대소득이 모두 자신의 돈이라고 생각하지만, 1년에 한 번씩 소득세를 낼 때마다 번 돈의 반 이상을 세금으로 도해낸다. 절세를 위한 금융 대출 메커니즘에 대한 이해가 반드시 필요한 이유다.

건물 매각 구조를 재설계하라

현시점에서 '지키는 투자'의 첫 번째 원칙은 '절세'다. 특히 앞으로는 '얼마를 벌었나?'가 아니라 자산을 이전하는 과정에서 발생하는 세금을 '어떻게 줄였나?'가 부동산 투자의 본질이 될 것이다. 절세 전략은 투자 수익만큼 자산 증식 효과를 낳는 묘수(妙手)라는 점을 잊지 말아야 한다.

한 가지 사례를 살펴보자. 투자자 중 한 분이 거액의 자산가다. 현재 약 2,000억 원 규모의 부동산 자산을 보유 중인데, 노년기에 접어들면서 자녀들에게 재산을 미리 증여할 필요가 있었다. 해당 부동산 자산을 매각하면 약 600억 원의 양도세가 발생한다. 남는 액수는 1,400억 원가량이니, 이를 두 자녀에게 반반씩 증여한다고 가정하면, 자녀 한 명당 각각 700억 원씩 나눠 갖는다. 문제는, 여기서 또다시 증여세 350억 원이 발생한다는 점이다. 실제로 자녀에게 가는 몫은 350억 원이다.

2,000억 원이었던 부모 자산이 자녀에게 이전되면서 최종적으로 각각 350억 원에 그쳤다. 자녀 수가 많아질수록 이 몫은 점점 줄어든다. 이런 경우, 우리는 사고방식을 전환해야 한다. 단순히 '2,000억 원이 있다'라는 자부심보다는 자녀들이 실질적으로 얼마를 가져갈 수 있는지를 고민하고, 절세 전략을 통해 350억 원씩 가져가던 구조를 500억 원으로 높이는 방법을 찾아야 한다.

그렇게 하기 위해서는 부동산 단순 매각 대신 새로운 매각 구조를 설계해야 한다. 예를 들어, 기존 토지는 부모가 보유하고, 이 땅 위에 자녀들이 법인을 설립해 건물을 신축할 수 있다. 자녀가 돈이 없다면 토지를 담보로 건물 신축 자금을 대출받아 부모님 토지 위에 자녀가 건물 소유권을 갖는 구조를 만든다. 결론적으로 자녀에게 500억 원 규모의 자산이 생긴 것과 같은 효과를 만들 수 있다.

문제는 많은 자산가들이 이런 절세 구조를 이해하지 못하거나 실행을 꺼린다는 점이다. 이들은 부동산 투자를 단순히 '사고팔면서 시세 차익을 남기는 것'이라고만 여긴다. 평생 사업을 해왔으니 세금에 관해서는 전문적인 지식이 있을 법한데, 토지 위에 건물을 신축해 현금 흐름을 만들고, 절세를 통해 실질적인 부를 늘리는 개념에는 익숙하지 않은 것이다. 세무조사를 받을 수 있다는 두려움도 크다. 하지만 토지와 건물 소유권이 달라지는 것은 탈세가 아니라 합법적인 절세 전략이다.

나이가 많은 투자자일수록 새로운 방식을 시도하는 데 어려움을 겪고, 남의 말을 잘 믿지 않기 때문에 절세 기회를 놓친다. 잊지 말아야 할 것은, 2,000억 원 자산을 팔면 비슷한 규모의 다른 자산은 절대로 살 수 없다는 사실이다. 절세를 통해 지킬 수 있는 방법을 찾는 게 시급하다.

아파트 투자도 최종변수는 세금

아파트 투자라고 다르지 않다. 아직도 많은 사람들이 '내가 산 집값이 올랐다'라는 사실에만 집중한다. 하지만 이보다 더 중요한 것은 '그래서, 나는 진짜 얼마를 벌 것인가?'다.

예를 들어, 압구정에 있는 고가 아파트를 50억 원에 샀는데 10년 뒤 100억 원이 되었다고 가정해보자. 이때 사람들은 흔히 '50억 원 벌었다'라고 생각한다. 착각이다. 세금, 금융 비용, 그리고 같은 기간 동안 다른 곳에 투자했을 경우의 기회비용까지 고려하면 수익은 훨씬 적다. 특히 주택 세금은 향후 지속해서 오를 수 있기 때문에 절세 전략을 미리 짜두지 않으면 앞에서는 벌고 뒤로 밑질 수 있다.

분당 아파트에 사는 사람 중 일부는 과거 3억 원에 분양받은 집이 현재 10~20억 원이 되었다고 좋아한다. 30년 동안 가격이 몇 배로 뛰었으니 수익이 크다고 여긴다. 사실 이 가격도 긴 시간 동안 오르내렸다. 8억 원까지 떨어졌다가 다시 10억 원, 15억 원에 이르기까지 꾸준히 시세 변동을 반복했다.

이 경우, 본인들은 '그래도 많이 올랐다'라며 만족한다. 그러나 같은 시기에 다른 선택을 한 사람과 비교하면 이야기가 달라진다. 당시 서울 강남 대치동 아파트가 6억 원 수준이었다. 지금은 20~30억 원까지 올랐다. 이런 상황을 짚어주면 '그래도 난 삶의 만족도가 더 중요하다' 혹은 '아내가 절대 이사하려고 하지 않는다'라고 답한다. 이미 선택하지 않은 상황에서 되돌릴 수 없으니 자기 합리화에 빠지는 것이다.

이처럼, 투자는 '내가 실제로 얼마를 벌었는가?'를 객관적으로 계산할 수 있어야 한다. 여기서 세금 지출 비율은 계속해서 증가한다는 것을 염두에 둔다. 결국 단순히 가격이 얼마 올랐다는 사실만으로는 투자의 성패를 알 수 없다.

믿고 맡길 전문 세무사가 없다?

부동산 관련 비즈니스를 할 때 전문 세무사를 찾기가 쉽지 않다. 부동산 세무에 특화된 전문가가 많지 않은 데는 이유가 있다.

첫째, 세무사나 회계사 시험에서 부동산 관련 세무 내용은 출제 비중이 작다. 전체 범위의 10% 남짓이니 깊이 있게 공부할 기회가 적다. 둘째, 부동산 세무 업무는 수익성이 낮다. 세무사의 양도세 신고 업무 수수료는 건당 30~50만 원 수준이다. 수익이 낮으니 전문 세무사가 등장할 수 있는 토대가 마련되기 어렵다.

또한 세무사는 건물 관련 양도세만 주로 처리한다. 취·등록세는 법무사, 임대소득세는 회계사 영역이다. 부동산은 매입 후 수년 혹은 수십 년 이상 장기 보유하는 자산이다. 십수 년에 한 번 팔까 말까 하니 양도세 신고 건수가 희소할 수밖에 없다. 시장 자체가 크지 않다는 뜻이다. 심지어 우리나라 양도세법이 자주 바뀌면서 제대로 신고하기가 어렵다. 수익은 낮은데 위험 부담이 크니 세무사가 꺼릴 수밖에 없다.

회계사는 법인세 신고나 정기적인 세무 기장을 담당한다. 이때 기장료 산정 기준은 매출액이다. 임대업 법인의 경우, 기장료 역시 매출액으로 책정되는데, 대기업처럼 매출이 수십억 원을 기록하는 곳이 아니고서야 기장료 자체도 높게 받기 어렵다. 결국 회계사 입장에서도 부동산 관련 회계 업무는 매력이 별로 없다.

지인을 통해 소개받거나 직접 찾아갔을 때 경험이 부족한 사람을 만날 수도 있다. 요즘 젊은 세무사들이 유튜브나 SNS를 통해 홍보하는 경우가 많은데, 경험이 많지 않으면 복잡한 부동산 세무를 다루기 어렵다. 부동산 컨설턴트나 중개업자 역시 세금 문제에 대해 전문가가 아니기 때문에 '전문 세무사에게 상담받으라'고 토스하는 경우가 많다.

이처럼 부동산 세무 업무와 관련해 도움받을 만한 전문가를 찾기가 어려운 것이 현실이다. 결국 투자자 개인이 끊임없이 공부해야 하며, 오랫동안 믿고 맡길 만한 전문가를 찾아내는 것이 과제일 것이다.

금리 리스크 :
금리에 따라 건물 가격이 변한다

건물은 레버리지를 활용해서 투자하는 게 일반적이다. 현실에서는 보통 자기 자본금은 50% 이하로 투입하고, 나머지는 은행 대출을 이용한다. 이때 금리가 높으면, 건물 수익률이 낮아신나. 반대로 금리기 낮으면, 대출을 더 많이 받을 수 있고, 이는 레버리지 투자의 효율을 높여 최종적으로 투자 수익률을 높이는 결과를 만든다. 코로나 시기에 기업에 지원했던 자금 금리가 1%대였는데, 이때 많은 투자자가 부동산을 사들여 짭짤한 수익을 거뒀다.

금리가 리스크로 작용할 때는 인상이 예견될 때다. 금리가 내리는 것은 큰 문제가 없지만, 갑자기 금리가 높아지면 건물의 가치가 하락하기 때문에 민감하게 대응해야 한다.

압구정동 가로수길 사례를 살펴보자. 이곳의 공실은 여전히 심각하다.

공실이 많아도 대출 없이 건물을 보유한 건물주라면 급하게 건물을 매각할 필요성을 느끼지 못한다. 하지만 대출을 많이 받아서 건물을 매입했는데, 설상가상 금리까지 높아졌다면 해당 투자자들은 버티기 힘들다. 공실이 많으니 임대료 수입이 적고, 수입이 적으니 높아진 이자 비용을 감당하기 어렵다. 이들은 버티지 못하고 건물을 팔고 떠나는데, 대표적으로 방송인 K씨도 비슷한 사례로 알려지고 있다.

꼬마빌딩을 포함한 상업용 부동산 투자는 레버리지를 활용해 자기자본 대비 수익률을 높이는 구조다. 대출을 받아 건물을 산 후 임대 수익으로 이자 비용을 상환하고 수익을 남기는데, 지금처럼 임대료가 정체된 상황에서 금리마저 높아지면 최악이다. 3% 금리로 40억 원을 대출받으면 월 1,000만 원의 이자가 나간다. 금리가 3.6%로 인상되면 월 1,200만 원의 이자 비용이 발생한다. 이는 이자 비용 20%가 인상된 것으로, 수익률 20%가 줄어드는 것과 똑같은 결과다. 건물 살 때는 수익률 3%를 적용했는데, 지금은 3% 수익률이 나오지 않으니 건물을 팔 때 수익률 3%를 맞추려면 100억 원에서 약 90억 원으로 건물 가격을 낮춰야 한다. 이것이 바로 건물 수익률과 가격의 상관관계다.

건물주는 공실이 많아도 임대료를 깎아주지 않는다. 대신 '렌트 프리'를 앞세워 몇 달간 임대료를 받지 않는다. 그리고 나머지 임대 기간은 원하는 임대료 수준을 유지해 건물 가격에 피해가 가지 않게 한다.

금리가 오르면 자연스럽게 건물 가격이 하락할 수밖에 없다는 것을 이해하면 금리 리스크를 대비하는 것이 얼마나 중요한지 깨닫게 된다. 금리가 오르는 상황이면 자기자본 비율을 높여야 한다. 레버리지 투자 비중을 줄이고, 수익률을 맞춰야 보유한 건물 가치가 하락하지 않는다.

부지런히 뛰어다니는 수밖에 없다

금리 리스크를 관리하려면 투자자 자신이 부지런해지는 수밖에 없다. 물 위에 떠 있는 오리가 보이지 않는 곳에서 계속 발버둥 치는 것과 비슷하다. 은행에서 권하는 대로 움직이지 말고, 경제 상황이나 흐름을 보고 타이밍에 맞춰 적절한 금리로 갈아타야 한다.

투자자 중에는 한번 고정금리로 약정 대출을 받으면 이것을 바꿀 수 없다고 생각하는 이들이 많다. 또한 금리 하락기에 고정금리보다 변동금리가 낮다는 이유로 갈아탈 고민을 하는 투자자도 있다. 어느 쪽이 유리한지는 시기에 따라 판단할 수밖에 없다. 시장 상황에 맞춰 고정금리에서 변동금리로 갈아타거나, 반대로 변동금리에서 고정금리로 갈아타는 식으로 금리 부담을 줄이려는 노력을 끊임없이 해야 한다.

4% 금리로 600억 원을 대출받으면 매월 내는 이자만 2억 원이다. 금리를 0.5% 낮추면 매월 2,500만 원을 아낄 수 있다. 대출액이 클수록 금리 변동에 발 빠르게 대처해야 하는 이유다.

은행과 대출 협상을 할 때 한 가지 기억해야 할 것이 있다. 지금도 많은 투자자들이 은행을 '갑'으로 여긴다. 대출받는 입장이니 "해주시면 감사하겠습니다"라며 부탁하듯 고개를 숙인다. 꼭 그럴 필요는 없다. 투자자들은 은행의 대출 상품을 사는 '고객'이다. 은행 직원의 월급을 주는 사람이라고 생각해도 틀리지 않다. 은행에서 대출을 받는 것은 '이자'라는 대가를 지불하면서 '자금'을 매입하는 행위이기 때문이다.

은행은 신용도 높고 자금 상환 여력이 좋은 고객을 절실하게 원한다. 그러니 자신이 그런 위치에 있다면 금리 인하권을 당당하게 요구할 수 있다. 단, 이때 조건이 있다. 자신의 신용 상태와 재무 구조가 좋아야 한다. 신용 등급, 자산, 예금 등을 잘 관리해 은행이 선호하는 고객이 되어야 한다. 법인이라면 매출과 영업 이익 구조에 신경 써야 한다.

간혹 법인 대표가 매출을 앞당겨 잡아버리는 때가 있다. 상반기에 생길 매출을 직전 해 연말로 잡는 식이다. 실제로 사업이 잘되고 있어도 올해 매출이 작년보다 줄어든 것처럼 보이면, 은행은 숫자를 보기 때문에 "작년 매출이 100억 원이었는데 올해는 95억 원으로 줄었네요?"라면서 금리를 올리거나 대출 조건을 불리하게 조정할 수 있다. 법인이라면 대출 만기가 돌아오는 시점에 맞춰 매출과 영업 이익을 관리하는 전략도 필요하다.

금리가 낮으면 건물 투자 적기?

건물 중개 시장에서 최근 금리가 "떨어졌으니 지금이 투자 적기다"라는 말이 자주 나온다. 실제로는 건물 투자를 하기 어려운 시기다. 금리가 낮은 대신 부동산 임대업에 대한 대출 비율인 RTI(Rent To Interest Ratio : 임대업 이자 상환 비율)를 낮췄기 때문이다. RTI가 낮으면 대출 한도 자체가 줄어든다. 과거 100억 원짜리 상업용 건물을 매입할 때 은행에서 70~80억 원까지 대출을 받았다면, 지금은 50~60억 원 수준으로 대폭 줄었다. 이러면 자기 자본금이 더 많이 들어가게 되고, 최종적으로 자본 수익률이 낮아질 수밖에 없다.

표면적으로 금리는 낮아졌지만 공실 리스크가 여전히 높고, 대출 한도가 줄어 자본 수익률이 낮아지는 상황에서 무작정 '금리 인하 = 투자 호재'로 판단하는 것은 위험하다.

통화량 리스크 :
가격 상승 곡선의 기울기가 핵심이다

통화량은 리스크라는 말 대신 '흐름'이라고 표현하는 것이 적절하다. 최근 통화량이 분기별로 계속 증가하고 있는데, 추세대로라면 8~10%까지 늘 수 있다. 정부 예산안 집행 규모가 커지면 시중 통화량은 계속해서 높아질 수 있다. 통화량이 10% 늘어나면 단순히 숫자를 넘어 자산 가치 전반에 걸쳐 엄청난 영향을 미친다. 만 원의 실질 구매력이 9,000원으로 떨어진다는 의미로, 이는 내가 가진 현금 자산의 가치가 줄어든다는 뜻이다. 성장률 1%에 불과하니 떨어지는 실질 가치를 커버하기에는 역부족이다.

부동산 자산 가격이 100억 원에서 110억 원으로 올랐다고 해도, 통화량이 10% 늘어나면 상대적으로 많이 오른 것이 아닐 수 있다. 같은 시기에 어떤 자산은 20~30% 오를 수도 있기 때문이다. 압구정 현대아파트가 50억 원에서 60억 원이 되면 20%가 오른 셈이다. 같은 시기에 한남 나인원이 100억 원에서 110억 원이 되었다면, 똑같이 10억 원 올랐다고 좋아할 수 없다. 다른 곳은 20% 오를 때 10%에 그쳤기 때문이다. 투자를 잘한다는 것은 현재 가진 자산을 팔아서 더 좋은 자산을 살 수 있다는 뜻으로, 이것이 안 되면 잘못된 투자를 하고 있다는 의미다.

투자자 중에는 통화량 증가에 대한 이해 없이 무조건 오르기만 하면 만족하는 분들이 있다. 시장에 돈이 풀리고, 인플레이션이 발생하고, 자산 가격이 상승하면서 '오른 게 오른 게 아닌' 경우가 많다. 통화량은 상대적이라는 개념을 반드시 숙지해야 한다.

급상승 모멘텀이 꺾였다면?

투자한 부동산이 어떤 위치에 있는지 알고 싶다면 건물 가격 상승 곡선 기울기를 살펴보자. 기울기 흐름을 보닌 45도에서 70~80도로 기울기가 가파르게 상승하는 구간이 등장한다. 그러다 다시 떨어지는 변곡점이 나타난다. 그 후 평균 1~2% 정도 오르면서 변동성이 없다면 우리가 자산을 처분해야 하는 시기는 가파르게 오르다가 떨어지는 변곡점 등장 시점이다. 이때 매각할 수 있어야 한다.

하지만 투자자는 1~2%로 계속 오르는 상황에 만족하며 "그래도 오르니까 됐어요"라고 말한다. 하지만 실제로는 자산 가치가 떨어지는 상황이다. 이것이 실제 부동산 투자 마인드에서 반드시 기억해야 할 리스크다. 건물 투자자에게 "오른 게 오른 것이 아닙니다. 이것을 팔아 세금을 낸 후 더 좋은 자산을 살 수 있어야 투자를 잘한 겁니다"라고 항상 말하는 이유다.

우리나라 사람들은 대체로 사는 것은 잘해도 파는 것은 잘 못한다. 부모님 세대가 '사는 법'에만 집중했기 때문이다. 그들은 팔아본 적이 별로 없다. 다행히 경제 성장 덕에 인플레이션 효과로 자산 가치 상승을 누렸다. 하지만 지금은 이런 방식으로 투자 시장에서 이기기 어렵다. 비슷한 자산을 놓고 같이 비교하면서 많이 오르는 쪽에 투자하는 것이 이기는 방법이다. 당분간 시장에 유동성이 공급되면서 통화량이 증가할 가능성이 크다. 우리나라처럼 경제 성장이 일정 수준에 도달한 경우에는 통화량이 증가할수록 자산 격차가 심화될 수 있다.

자산 상위 1%가 전체 자산의 20%를 가지고 있다가 어느 순간 30%까지 늘어나면 시장에 실제로 유통되는 돈의 양은 줄어든다. 이전에는 80%가 돌았는데 지금은 70%밖에 돌지 않으니 그 줄어든 10% 공백을 나머지 99%의 사람들이 고스란히 체감할 수밖에 없다. 서민들이 먹고살기 어려워지면 정부는 시장에 유동성을 공급한다. 그 결과 계속해서 돈이 풀리고, 통화량은 계속 늘어나는 구조가 된다. 실제로 코로나 이후 우리나라 상위 1%가 가진 자산 비율이 코로나 전에는 28% 수준이었다가 코로나가 끝난 후 35%까지 상승했다는 보도가 있다. 돈을 풀면 풀수록 상위 1%에게 더 많이 쏠리기 때문이다.

정부에서 25만 원씩 나눠주면 그 돈이 어떻게 흘러갈지 단순화시켜보자. 지원금을 받아서 밥 먹고 커피 마시는 등 소비 생활에 돈을 쓰면 최종적으로 돈을 버는 집단은 그것을 운영하는 대기업이나 사업가 집단이다. 25만 원 중 5만 원은 상위 1%가 가져가고, 5만 원은 정부가 다시 세금으로 거둬들이고, 나머지 15만 원을 상위 1%를 제외한 99% 사람들이 쪼개서 나눠 갖는 형국이다. 결국 상위 1%가 20%를 가져가니 그전에 비해 부의 규모가 훨씬 커진다. 눈덩이가 일정 크기 이상이 되면 굴릴수록 급격하게 커지는 것과 같은 이치다.

통화량이 늘면 유동성은 넘치지만, 돈은 모든 곳에 골고루 퍼지지 않는다. 자산은 상위 1%에 몰리고, 그렇지 않은 쪽은 제자리걸음이거나 더 하락하는 현상이 반복된다. 통화량이 증가하는 흐름 속에서 '누가 더 많은 유동성을 흡수하는가?', 그리고 '내 자산이 시장 흐름을 얼마나 효과적으로 반영하고 있는가?'가 중요하다. 진짜 리스크는 '내 자산이 오르고 있다'가 아니라 '시장 평균보다 얼마나 더 오르고 있는가' 하는 상대적 기준에서 찾아야 한다.

사회·환경 리스크 :
소비자 행동 패턴이 상권을 바꾼다

초등학교 옆에 위치한 건물은 교육 수요 덕분에 안정적인 임대 수익을 낼 수 있었다. 하지만 출생아 수가 줄고 학교가 폐교되면서 초등학교 인근 건물의 수요 기반이 흔들리고 있다. 이처럼 고령화와 저출산 같은 사회 구조 변화에서 오는 투자 위험성을 사회·환경 리스크로 구분한다.

한때 강동구에 요양병원이 많았다. 고령인구 수가 많기 때문이다. 그런데 최근 들어 요양병원 수가가 낮아지면서 요양병원 수익성이 악화되었다. 또한 강동구 고덕동, 천호동에 새 아파트가 대거 입주하면서 부모 세대가 자녀에게 집을 물려주고 외곽으로 빠져나가고 있다. 절대적인 노인 인구 수가 줄자 요양병원이 빠르게 사라지는 추세다. 요양병원이 빠져나간 자리에 치과처럼 건강보험 수가가 높은 업종이 들어오고 있다. 노년층을 대상으로 임플란트에 건강보험이 적용되기 시작한 것도 치과병원의 증가에 영향을 미친다는 후문이다. 이처럼, 사회 환경 변화가 직접적으로 상권 구성을 바꾸는 경우가 많다.

학원가도 바뀌고 있다

대치동은 여전히 학군 수요가 높다. 심지어 초등학생 수는 증가하고 있다. 하지만 학원 운영 환경은 더 치열하다. 대치동에서 강의실 수를 충분히 확보하지 못하면 학원 수익 구조 자체가 무너진다. 30~40평 규모의 건물을 임대하면 강의실을 2~3개밖에 만들지 못한다. 학원은 수강료를 받아서 운영하는 구조인데, 강의실 수가 적으면 임대료, 인건비, 운영비 등을 감당하기 힘들다. 대치동은 적어도 70평 이상 되는 면적을 확보해야 살아남을 수 있는 지역이다.

대치동이 대형 학원 중심의 '규모의 경제'가 작동하면서 중소형 학원들이 밀려나기 시작했고, 이들이 현재 잠실, 특히 방이동 라인으로 이동하고 있다. 이곳은 과거 미성 크로바 아파트와 진주 아파트 재건축, 올림픽파크 포레온 등 신축 아파트가 입주하면서 새로운 수요층이 생겨나고 있다. 이곳은 아직 건물 임대료가 저렴한 편이다. 또한 주변이 대치동에 비해 상대적으로 조용하고 학부모들로 인한 스트레스가 적다고 알려지면서 중소형 학원들이 계속 들어오고 있다. 이런 흐름은 학원장들이 모이는 커뮤니티 안에서 빠르게 공유되며, 실제로 많은 학원들이 방이동 쪽으로 자리를 옮기고 있다.

의대 정원 조정 이슈도 대치동 학원가에 영향을 주고 있다. 의대 정원이 늘어났을 때 일부 학원들이 이를 기회로 여겨 대규모 시설 투자를 진행했다. 대표적인 사례가 S 재수학원이다. 하지만 의대 정원 관련 정책 방향이 불투명해지면서 확장된 시설을 제대로 운영하지 못하고 있다. 의대 정원 변동성에 따라 수요 예측이 빗나갔기 때문이다. 특히 재수생 수요가 많이 줄었다.

의대 재수 시장의 중심이 대치동에서 경기도로 옮겨간 것도 원인이 되었다. 과거에는 재수생들이 대치동에 위치한 유명 학원에 몰렸다. 지방 학생들도 대치동 인근의 기숙사에 들어갔다. 하지만 지금은 용인, 이천 등 수도권 외곽에 새로 지은 기숙학원으로 몰린다. 학생과 학부모는 서울과 떨어져 있지만 조용한 학습 환경과 쾌적한 시설, 통제된 생활 구조 등으로 이곳을 선호한다. 이 때문에 대치동 신축 건물에 들어오기로 한 대형 학원이 입주하지 않으면서 여러 곳이 빈 건물로 남아 있다. 이처럼 입시 환경 변화가 대치동과 같은 학원가 상업용 부동산 시장에 영향을 줄 수 있다.

결론적으로, 건물은 철근과 콘크리트로 짓지만, 투자 기반은 눈에 보이지 않는 다양한 제도와 환경이라는 지형 위에서 세워진다. 리스크는 단순한 변수나 참고 요소를 넘어 투자 기반의 전제가 되는 중요한 항목이므로 끊임없이 체크해 대비해야 한다.

<Insight>
감정평가 다시 받으라고?

얼마 전 국세청장이 공식적으로 밝힌 방침이 투자자에게 엄청난 영향을 미치고 있다. 바로 상속이나 증여 시 공시지가나 기준시가가 아닌 감정평가 금액으로 세금을 부과하겠다는 내용이다. 은행에서 대출받을 때 건물가 100억 원으로 감정평가를 받았다면, 국세청도 이 금액에 맞춰 세금을 매기겠다는 의미다. 이는 자산의 실제 시가에 맞춰 철저하게 부과하겠다는 국세청의 변화된 과세 행정을 의미한다.

기존에는 부동산 가격이 100억 원이면 30% 내에서 시장가로 조율하는 것이 가능했다. 70억 원으로 상속세 신고를 할 수 있었다는 뜻이다. 지금은 100억 원 전체가 신고 대상 금액이다. 30% 예외 구간이 사라지면서 수억 원 단위의 절세가 가능했던 과거와 달리 절세 효과를 기대하기 어려워졌다.

부모님 생전에 자녀에게 증여가 진행된다고 가정해보자. 70세부터 매년 일정 자산을 조금씩 증여하다가 80세 이전에 갑자기 돌아가실 수 있다. 이 경우, 돌아가신 시점을 기산일로 해서 10년간 증여한 금액은 상속재산으로 포함시켜 재평가한다. 만약 사전증여액이 7억 원이어서 3억 원 정도의 증여세를 냈는데, 돌아가신 후 상속자산의 감정 평가금액이 50억 원이라면, 총 상속자산은 57억 원으로 재산정되는 것이다. 국세청은 50억 원을 기준으로 다시 세금을 산정한다. 따라서 기존에 낸 3억 원은 공제해주고, 나머지 금액에 대해 추가로 상속세를 부과하는 것이다.

세금 연부연납제도를 활용할 때에도 감정평가 변수를 고려해야 한다. 연부연납제도란, 세금을 몇 년에 걸쳐 나눠 내는 방식이다. 증여세는 최대 5년간 나눠 낼 수 있다. 문제는 연부연납이 끝나는 시점에서 다시 감정평가를 진행할 수 있다는 점이다. 감정평가 금액이 상승했다면 다시 세금 추징을 당할 수 있으니 이 점도 대비해야 한다. 지금부터는 국세청 감정평가 과세 방식에 대비할 수 있는 절세 계획이 필요하다.

PART 3

이것도 모르면서
건물 투자한다고?

상업용 부동산의 본질은
'사업'이다

꼬마빌딩 투자자가 요즘 들어 부쩍 자주 하는 말이 있다.

"건물 사서 이렇게 힘들 줄 몰랐어요!"

건물주의 삶이 생각보다 녹록지 않은 것이다. 최근 경기가 나빠지면서 이런 분위기는 더욱 심해지고 있다. 한 가지 안타까운 것은, 준비가 안 된 건물주일수록 답답함을 많이 호소한다는 것이다. 꼬마빌딩을 소유한다는 것이 무슨 의미인지, 어떻게 운영해야 하는지에 관한 공부가 부족했던 게 아닐까.

꼬마빌딩을 '시세 차익용 목적물'로만 여겼다면 패착이다. 가지고만 있으면 무조건 가격이 오를 것이라는 기대감은 2018년부터 약 5년 동안 이어졌던 건물 가격 급등기에는 유효할 수 있었다. 하지만 지금처럼 시장이 정체되어 있거나 불황기에는 잘 통하지 않는다.

건물 운용에 대한 노하우가 부족했을 수도 있다. 건물 투자에 성공하려면 꼼꼼한 계획과 준비, 엄청난 공부가 필요하다. 하지만 최근 몇 년간 꼬마빌딩주 대열에 들어선 상당수의 초보 투자자는 건물주 '되기'에만 급급했다. 옆 동네 지인이 건물을 사서 큰돈을 벌었다는 이야기를 전해 듣고, 혹은 레버리지를 써서 두 배, 세 배씩 벌었다는 소문을 듣고 무작정 투자에 뛰어든 이들도 적지 않다. 건물 투자에 대한 지식은 없고 공부는 부족한 상태에서 시작하다 보니, 지금처럼 시장이 좋지 않을 때는 '어떻게 하면 좋지?'라며 당혹감에 빠진다.

강남 주요 상권 집합상가 공실률 (단위 : %)

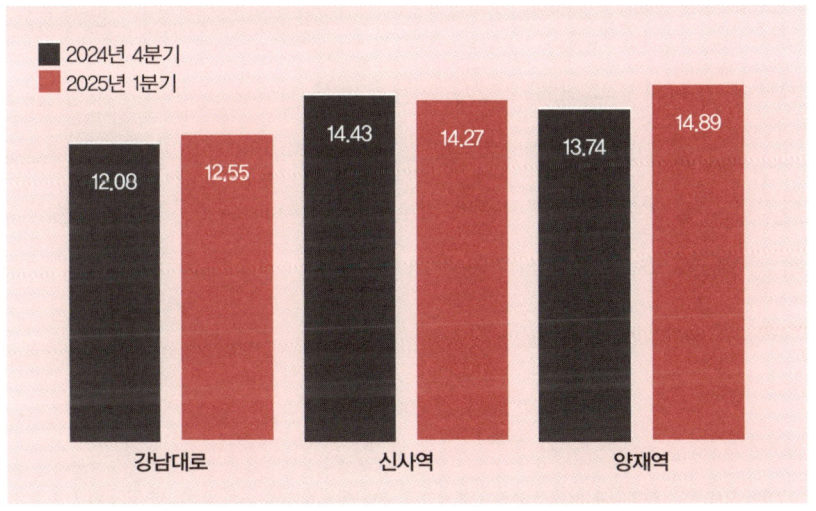

출처 : 한국부동산원 부동산 통계정보시스템

시장이 좋을 때는 모든 게 다 좋아 보인다. 투자 방식이 약간 잘못되어도 얼마든지 회복 가능하다. 하지만 지금은 분위기가 다르다. 2022년 하반기부터 금리가 오르면서 시장 분위기가 차츰 식어갔고, 경기가 빠르게 하강하면서 공실이 증가했다. 이자 부담은 높아지는데, 공실이 많아지니 이러지도 저러지도 못하는 상황에 놓였다. 버틸 수 있을 만큼 버텨보지만, 그마저도 쉽지 않으니 건물 매각을 결심한다. 하지만 시장에는 이미 매물이 쏟아져 나오고 있다. 투자자는 '건물주 되기'가 생각보다 힘든 것을 절감하며 '내가 왜 사서 이 고생을 하나' 싶어 밤잠을 설친다.

이런 분들의 상당수가 건물 투자가 주택 투자와 크게 다르지 않다는 생각으로 착각한 채 시장에 진입했다는 특성이 있다. 아파트를 사고팔던 생각으로 건물 투자를 해서 돈 벌 수 있다고 생각한 것이다. 하지만 둘은 완전히 개념이 다르다. 주택, 특히 아파트는 비교적 단순한 부동산 투자 대상이다. 세입자에게 임대하고, 보유하고, 시세가 오르면 매도하는 것이 전부다. 관리라고 해봐야 세입자 요청에 따른 간단한 수선이나 고장 정도만 처리하면 된다. 주택은 임대만 놓으면 대부분의 일은 끝나는 투자다. 하지만 건물 투자는 운영이라는 업무가 뒤따른다. 건물은 제대로 운영해야 살아남을 수 있는 부동산 자산이다.

아파트 투자에 성공해도 건물 투자에서 실패하는 이유

꼬마빌딩 시장에 진입하는 투자자 중 80~90%가 개인 투자자다. 이들 중 상당수는 '나는 이미 다 알고 있다'라는 자신감으로 충만해 건물 시장에 발을 들인다. 아파트로 큰돈을 벌었으니 부동산을 잘 안다고 자신만만해하는 것이다.

지금까지 아파트 시장은 누구나 돈을 벌 수 있는 구조였다. 투자 실력이 뛰어나서가 아니라 단지 사놓기만 해도 가격이 오르는 시기에 올라탈 수 있는 행운을 누린 것이다. 물론 중간에 IMF나 금융위기처럼 큰 조정장이 있었지만, 20~30년이라는 긴 흐름으로 보면 아파트 가격은 계속해서 올랐다. 본인이 특별히 잘해서 오른 게 아님에도 불구하고, 마치 자기 능력 때문에 큰돈을 벌었다고 착각한 채 건물 투자 시장에도 뛰어드니 자꾸 문제가 발생한다.

지금은 건물 시세 차익에만 의존해서는 버텨내기 힘들다. 시장 자체가 구조적으로 이를 용인하지 않는 환경으로 바뀌었다. 이런 분위기에서 살아남거나 성공하려면 생각을 근본부터 바꿔야 한다. 건물로 시세 차익 내는 것보다 더 중요한 것은 건물을 잘 운용해 성공적인 수익률을 창출하는 것이다. 건물주가 된다는 것은 사업체 하나를 운용하는 것과 같다. 반대로 말하면, 건물을 제대로 운영하지 않으면 망할 수도 있다.

부동산 투자 전문가들은 건물을 사고 난 후 그제야 비로소 본격적인 투자 과정이 시작된다고 여긴다. 법률 문제, 세금 문제, 수익률 개선을 위한 리모델링, 공실 리스크 대응, 홍보와 마케팅 등 하나하나에 신경을 써야 높은 수익을 낼 수 있기 때문이다. 이는 명백히 '사업'의 영역이다. 눈에 보이는 자산 하나를 사는 것이 아닌, 그 안에 들어 있는 운용의 묘까지도 챙겨야 하는 투자 방식이다. 그래서 바로 지금의 건물주들에게 필요한 것이 경영 마인드다.

상업용 부동산은 왜 존재하는가?

건물 경영 마인드를 장착하기에 앞서, 건물의 본질에 대한 기초부터 알아야 한다. 상업용 부동산은 본질적으로 수익을 만들어내기 위해 존재하는 목적물, 즉 '사업의 목적물'이다. 나라에서도 법과 제도적으로 '사업용'이라는 전제를 깔고 관련 정책을 펼친다.

이는 주택과 비교하면 명확해진다. 주택은 인간 삶의 가장 기본이 되는 의식주 가운데 하나이기 때문에 법과 세금 등으로 제도적으로 보호해주는 측면이 있다. 하지만 건물은 사업을 위한 도구이기 때문에 세금부터 시작해 각종 비용 처리에 이르기까지 철저히 사업 목적물로 대한다. 주택은 사놓고 그냥 보유만 해도 되지만, 상업용 부동산은 그럴 수 없다. 그 안에서 돈이 돌아야 하고, 현금 흐름이 유지되어야 한다.

예를 들어보자. 우리가 건물을 사서 직접 사옥으로 쓴다고 가정하면, 그 순간부터 매달 건물 관리비, 세금, 운영비 등이 발생한다. 비용을 감당하려면 '사업'을 해서 돈을 벌어야 한다. 단순하게 '내가 직접 이 건물을 쓸 테니 비용은 내가 감수하겠다'의 차원이 아니다. 건물은 가만히 있어도 매년 수천만 원, 많게는 수억 원의 비용이 발생하는 자산이므로 그 비용을 충당할 수 있는 부가가치를 창출해야 하는 것이 의무다.

삼성전자가 서초동 사옥을 유지하려면 그 안에서 근무하는 수천 명 직원의 급여, 전기세, 세금 등 엄청난 고정비용을 감당해야 한다. 그 재원은 삼성전자가 만드는 반도체, 스마트폰, 가전제품을 팔아 부가가치를 창출해서 감당한다. 그게 바로 사업의 목적물, 즉 건물이 기본적으로 운영되는 구조다. 따라서 상업용 부동산에 투자하려면 철저히 '사업' 논리와 연결지어야 한다. 우리가 직접 그 건물에 들어가 사업을 벌이든지, 임대를 통해 수익을 창출하든지, 어떤 식으로든 '수익 구조'를 만드는 게 핵심이다. 만약 상업용 건물에 투자하려고 마음먹었다면, 반드시 자신에게 이런 질문을 던져야 한다.

'나는 이 건물에서 어떻게 수익을 만들어낼 것인가?'

안타깝게도 우리나라의 빌딩 투자자는 이런 마인드가 약하다. 한창 꼬마빌딩 투자 열풍이 불 때 준비가 되지 않은 사업가들이 시장에 많이 뛰어들었다는 것도 시장의 약점이다. 이 질문에 대한 답을 준비하지 않으면 건물은 자산이 아니라 부채로 전락할 가능성이 크다. 지금처럼 경기가 어려울 때는 특히 그렇다.

수익 극대화를 모색하라

수익을 내기 위한 목적으로 존재하는 상업용 부동산은 생각보다 종류가 다양하다. 건물이나 빌딩만 상업용 부동산으로 생각하는데, 하다못해 골프장이나 콘도 분양권도 상업용 부동산이다. 한때 우리나라에 광풍처럼 불었던 오피스텔, 도시형 생활주택, 지식산업센터를 비롯해 문제가 많았던 생활형 숙박시설도 수익을 내는 목적으로 지어졌으니 모두 상업용 부동산 범주에 속한다. 이처럼 다양한 종류의 상업용 부동산이 존재하는 이유는 단 하나, 수익을 창출하기 위해서다.

'수익을 창출한다'라는 것은 그 자체로 돈을 벌어야 한다는 뜻이다. 하지만 이것은 생각처럼 쉬운 일이 아니다. 내가 건물 투자자에게 항상 강조하는 말이 있다.

"건물 투자는 단순한 부동산 매입이 아니라, 사업입니다!"

이 말은 단지 소유만으로 끝나는 것이 아니라, 투자자가 직접 운영하고 관리해서 수익을 극대화할 수 있어야 한다는 뜻이다. 여기서 제일 중요한 것은 '수익의 극대화'다. 이는 건물 이해도를 높이는 것을 포함해 어떻게 하면 돈을 더 벌 수 있는지 고민하고 준비하는 것도 포함된다.

예를 들어, 임차인이 건물의 어떤 부분을 고쳐달라고 요구할 때가 있다. 건물 구조나 기능적인 부분에 대해 기본적인 이해를 바탕으로 대응하겠지만, 여기에서 한 걸음 더 나아가 임차인이 요청하기 전에 먼저 건물 컨디션을 개선하거나 임차인이 좋아할 만한 서비스를 제공해 임차인이 그 가치를 인정하고 일정한 비용을 더 지불할 수 있게 만들면 좋다.

또한 임대차보호법, 건축물 관리법 등 건물 관련 법적 지식도 제대로 파악하고 있어야 한다. 그래야 자기 건물에서 어떤 방식으로 수익을 창출할 수 있을지 판단이 가능하다. 만약 이런 지식과 역량이 부족하다면, 반드시 전문가 등의 파트너를 두고 협업해야 한다. 안 그러면 손해를 보거나 리스크가 커진다.

수익률 알면 건물 가격 나온다

수익의 극대화를 추구하는 것은 자신이 보유한 건물의 가치를 높이는 일과 직접적으로 연결된다. 하지만 이런 연결성을 객관적으로 이해하고 있는 투자자는 드물다.

예를 들어보자. 어떤 건물에서 발생하는 임대 수익이 연간 총 3억 원이다. 이 경우, 월 2,500만 원의 임대료가 발생한다(하지만 실제로 건물주가 한 달에 손에 쥐는 순수익은 약 600~700만 원 선이다. 공실, 유지비, 세금 등 각종 비용이 제외되기 때문이다. 이를 순영업 이익금이라고 부르기도 한다). 연간 3억 원의 수익이 나는 건물이라면 시장 가격은 얼마가 적당할까? 만약 투자자가 요구하는 건물의 수익률을 3%라고 가정하면, 적정 건물 가격은 100억 원이다. 그래야 수익률 3%인 3억 원이라는 계산이 나온다.

그런데 만약 이 건물의 연간 임대 수익이 4억 원으로 증가했다고 가정해보자. 3% 수익률 기준으로 건물을 평가하면, 약 130억 원으로 건물 가격이 뛰어오른다. 임대료 1억 원의 상승이 건물 가치 30억 원의 상승으로 이어지는 셈이다. 이것이 바로 수익형 부동산이 돌아가는 구조다. 건물에서 나오는 수익이 많을수록, 투자 시장에서는 그 건물을 더 높은 자산으로 평가한다. 임대료 수익이 건물 가치의 결정적인 기준인 셈이다.

여기서 더 나아가, 수익은 지금 당장 벌어들이는 현금에만 그치지 않는다. 현재 벌어들이고 있는 수익 이상으로, 앞으로 더 많이 벌어들일 수 있다는 기대와 믿음을 투자자에게 줄 수 있다면 건물 가격은 높아진다. 이는 일반 기업체를 인수 합병할 때, 당장 매출이 나지 않아도 미래 가치가 있다면 기꺼이 높은 가격을 지불하는 것과 마찬가지 개념이다.

이와 똑같은 상황이 건물 투자 시장에서도 벌어진다. 한때 강남 요지(要地)에 있는 건물이 비싼 값에 팔려나간 이유도 '앞으로 더 오를 거야'라는 믿음이 있기 때문에 가능했다. 당장 수익이 나오지 않지만 미래 가치를 믿고 비싼 값을 치른 것이다.

자본 수익률 5%를
이해하라

　지금까지 말한 내용을 한마디로 정리하면, '건물 투자의 본질은 수익'이라는 것이다. 그렇다면 수익을 얼마나 내야 성공한 투자인지 궁금해진다. 누구는 성공하고 또 누구는 실패하는 건물 투자 시장에서 대체 얼마를 '벌어야' 성공했다고 판단할 수 있을까. 이때, 판단 기준이 되는 것이 수익률이다.

　앞서 캡레이트 개념을 설명했다. 캡레이트는 쉽게 말하면, 부동산에서 1년 동안 벌 수 있는 순영업소득을 부동산 가격으로 나눈 비율이다. 공실, 세금, 관리비, 인건비, 홍보비 등 건물 유지에 들어가는 각종 비용을 제외한 순영업소득으로 계산하기 때문에 내 손에 떨어지는 '진짜 수익'이 얼마인지 알 수 있다. 예를 들어, 20억 원짜리 빌딩에서 각종 비용을 제외하고 1년간 1억 원의 순영업소득이 발생하면 캡레이트는 5%다.

국내 자산운용사가 대형 빌딩이나 상업용 부동산을 매입할 때, 캡레이트 6~7% 수준이면 투자에 나선다. 이처럼, 캡레이트는 상업용 부동산에 투자할지 말지를 결정하는 중요한 지표로 쓰인다.

$$\text{캡레이트} = \frac{\text{순영업소득(NOI)}}{\text{부동산 매입가격}} \times 100$$

문제는 현재 꼬마빌딩을 비롯한 국내 상업용 건물의 캡레이트가 계속 추락하고 있다는 점이다. 캡레이트가 줄어드는 이유는 크게 두 가지로 해석할 수 있다. 첫째는 건물 매입 가격이 올라서, 즉 분모가 올라서 캡레이트가 떨어지는 상황이다. 나머지는 순영업소득, 즉 분자인 임대료가 줄어서 발생하는 상황이다. 지금 시장 상황은 후자다. 공실 등으로 임대료 수익이 줄면서 순영업소득이 낮아지고 있다.

국내 자산운용사의 대형 건물 투자 현황도 좋지 않다. 이들은 투자자로부터 자금을 끌어모아 국내 대형 오피스 빌딩에 투자해 수익을 낸 후 일정 부분을 투자자에게 돌려주는 방식으로 기금을 운용한다. 수익률 7%가 나올 것을 예상하면 5%는 투자자의 이익금으로 돌려주고, 나머지 1~2%를 수수료 몫으로 챙길 수 있다. 하지만 지금은 캡레이트가 4%대로 떨어지는 경우도 발생한다.

경기 등 전반적인 시장 분위기가 지금보다 더 나아지지 않으면 캡레이트는 계속 떨어질 수 있다. 이렇게 수익률이 낮아지는 상황에서는 임차인이 임대료 협상에서 우위를 점하기도 한다. 공실이 증가하면 "옆 건물도 비어 있으니 제 임대료 좀 낮춰주세요"라며 흥정을 요구해오기 때문이다. 만약 임대료가 지금보다 더 떨어지면 이는 곧바로 건물 매매가 하락으로 연결된다. 시장 상황이 이렇게 돌아가고 있지만, 여전히 상당수 투자자는 '이 건물은 예전에 비싸게 거래되었으니 지금도 그 가격이어야 한다'라는 고정관념을 갖고 있다. 이런 옛날 마인드로는 지금의 시장에서 버티기 어렵다.

얼마를 벌 수 있을까?

캡레이트와 함께 자주 언급되는 것이 자본 수익률(Return on Capital)이다. 자본 수익률은 부동산뿐만 아니라 투자 시장에서 광범위하게 사용되는 지표로, 쉽게 말하면, '내가 투자한 돈이 실제로 얼마를 벌어줬느냐?'를 알려준다. 예를 들어, 10억 원을 투자해 세금과 각종 비용을 제외하고 순수하게 번 돈이 1년에 1억 원이라면 자본 수익률은 10%다.

현재 상업용 부동산 시장에서는 자본 수익률 5% 이상 나올 수 있는 물건이라면 투자할 만하다는 평가다. 왜 자본 수익률 5%가 성공을 가늠하는 잣대로 쓰일까? 실제로 자본 수익률 5%를 얻기란 말처럼 쉬운 일이 아니기 때문이다. 누군가 10억 원을 갖고 있고, 이 돈으로 연간 5% 이상의 수익을 올릴 수 있는 투자 상품을 찾는다고 가정해보자. 생각보다 그 투자처가 많지 않다는 것을 알게 된다.

단적으로 은행 예금 이자와 비교하면 쉽다. 2025년 기준 은행 예금 이자는 평균 2.5% 내외다. 1년을 예치하면 명목상 예금 이자는 2,500만 원이다. 여기서 이자 소득세를 제외해야 하는데, 연간 이자 소득이 2,000만 원 이상이면 종합소득세 합산과세 대상이다. 10억 원을 예치할 수 있는 경제 수준이라면 최고소득세율 부과 대상이 될 확률이 높다. 결론적으로, 10억 원 예금해서 1년에 벌 수 있는 돈은 채 2,000만 원이 되지 않는다. 자본 수익률이 1% 남짓이다.

시장 경제 논리로 봤을 때, 한 나라의 경제 성장률이 2~3%라면 전체 자산 가치가 2~3% 성장했다는 의미로 해석할 수 있다. 이는 바꿔 말하면, 돈의 액면 가치가 매년 2~3% 정도 떨어졌다는 의미다. 투자자라면 자신이 가진 돈의 연 2~3% 정도 수익을 낼 수 있는 투자 구조를 만들어야 그 안에서 간신히 '현상 유지'를 할 수 있다. 그런데 자본 수익률이 1~2%라면 경제 성장률보다 못한 수준이니 실제로는 손해를 본 셈이다.

비교우위론을 적용하면, 만약 다른 이들이 투자 후 3% 수익을 남겼다면 나는 2% 뒤처졌으니, 결과적으로 나는 좀 더 가난해진 셈이다. 반면 5% 수준의 자본 수익률을 기록했다면 내 자산이 평균 수준보다 좀 더 많이, 더 빠르게 자산을 축적한 것이다. 최근 한국 경제 성장률이 2% 내외에서 오르내리고 있으니, 투자자가 계속해서 매년 5% 자본 수익률을 올릴 수 있다면 이는 성공한 투자다.

자본 수익률 5%는 쉽게 달성하기 힘든 수치인 동시에, 투자자가 목표로 삼을 수 있는 최적의 숫자이기도 하다. 금융 투자뿐만 아니라 부동산 투자에도 예외 없이 적용된다. 부동산 투자를 조금 해본 사람들이라면 자본 수익률 5%를 내는 것이 무척 힘들다는 것을 알고 있으며, 그렇기에 5%를 보장할 수 있는 상품이라면 기꺼이 뛰어든다. 결론적으로 상업용 부동산에 투자하고 있다면, 자본 수익률 5%를 현실적인 목표로 삼아도 무리가 없다.

투자 목표치가 낮아지고 있다

100억 원짜리 건물에서 자본 수익률 5%가 나오려면 세금과 관리 비용 등을 제외하고 연 5억 원의 소득이 발생해야 한다. 이는 매월 4,000만 원 이상의 순수익이 들어와야 한다는 뜻이다. 하지만 지금 이런 건물을 찾기가 쉽지 않다. 지금은 임대 수익률 3%만 나와도 나쁘지 않은 투자처로 판단한다.

임대 수익 악화로 건물 수익률이 떨어지는 상황에서 이를 해결할 수 있는 유일한 방법은 임대료 인상이다. 하지만 경기가 좋지 않으니 이마저도 쉽지 않다. 성장률이 둔화되고 실적이 악화되면서 기업 이윤도 줄고 있다. 이러면 기업은 임대료가 비싼 곳으로 이전하거나, 새로운 공간에 투자하기가 힘들다. 결국 건물 임대 수익은 계속 정체되거나 하락할 수밖에 없다.

건물 가격은 많이 올랐다. 수익은 줄어드는데 매입 가격은 높으니 수익률과의 간극이 점점 더 벌어지는 악순환이 계속된다. 이런 문제점을 해결하려면 자산 가격은 당분간 멈춰 있는 상태에서 경기가 서서히 좋아지고, 임대료가 조금씩 오르는 분위기가 만들어져야 한다. 이렇게 되기까지 최소 3~5년의 시간이 필요할 수 있다.

차라리 배당주 투자가 낫다?

지난 5년간 부동산 자산 가격이 연평균 20% 정도 상승했다. 이때 오른 가격으로 부동산을 매입한 사람들이 많기 때문에 눈높이도 그만큼 올라가 있다. 건물 가격을 내리기가 쉽지 않고, 가격 조정이 시작되더라도 상당한 시간이 걸릴 수밖에 없다.

과거에는 건물을 보유하고 있기만 해도 가치가 올랐지만, 지금은 운영 단계에서 수익이 나지 않으니 자산 가치 상승조차도 의미를 갖기 어려워졌다. 특히 기존 임차인이 그대로 있는 상황에서 임대료를 올리는 것은 생각보다 쉽지 않다. 무리하게 인상하려 들면 임차인이 나갈 것이고, 그러면 공실은 더 늘어난다. 공실이 증가하면 수익률은 더 떨어질 수밖에 없다.

지금은 자본 수익률 5%를 만들 수 있는 답을 찾아야 한다. 연 5% 수익률은 단순 계산으로 15년이면 원금의 두 배를 만드는 수익률이다. 지금 상업용 건물에 투자해서는 이런 수익률 만들기가 쉽지 않다. 혹자는 부동산 대신 차라리 금융 투자를 하는 것이 낫지 않겠냐고 권유하기도 한다. 상업용 부동산에서 수익률을 맞출 수 없는 상황에서, 그보다 더 나은 투자 대안이 있다면 옮겨가는 것도 나쁘지 않다. 또한, 금융 자산은 부동산

만큼 신경을 많이 쓰는 상품은 아니다. 수익이 안정적으로 나온다는 것도 매력적이다. 그래서인지 요즘 배당 투자가 유행처럼 번지고 있다. 미국 주식 중에는 배당 수익률이 연 5~7%에 이르는 종목도 있으며, 국내 주식 중에서도 은행주나 정유업종처럼 고배당을 하는 기업도 있다.

그럼에도 불구하고 어떻게 해서든 상업용 부동산으로 성패를 봐야 하는 입장이라면, 5% 이상의 수익을 실현할 수 있는 구조를 스스로 만들어 낼 수밖에 없다. 수익률이 담보되는 상품을 만들어내거나, 아니면 그것을 가능하게 해주는 입지의 건물을 찾아야 한다. 현재 임대 수익률이 1~2% 밖에 안 나오는 물건이라면 향후 리모델링이나 빌드업을 통해 수익을 올릴 수 있도록 고민해야 한다. 할 수 있는 모든 방법을 구사해 수익률을 올리는 것이야말로 지금 시점에서 살아남을 수 있는 건물 투자자의 생존 방식이다.

지금 강남 건물 투자는 어렵다?

현재 강남구 빌딩 매물만 1,700건이 넘고 있다. 불과 얼마 전까지만 해도 1,000건 수준이었는데, 70% 가까이 급증했다. 특히 이면 도로에 위치한 작은 규모의 빌라를 신축 개발하는 꼬마빌딩 신축 사업은 성공 가능성이 매우 낮아 보인다.

2종 일반주거지역 혹은 3종 일반주거지역에 위치한 빌라의 용적률은 200~250% 수준이다. 이러면 임대 면적이 작아 사업에 한계가 생긴다. 땅값은 평당 1억 5,000만 원 수준이니 새 건물로 신축해도 수익이 날 수 없는 구조다. 수익이 나려면 임대료를 높여야 하는데, 이런 곳은 임대료를 최고치로 끌어올려도 면적 자체가 적으니 해결되지 않는다.

다행히 최근 일부 지역에서 용적률이 상향 조정되었다. 200~250%였던 용적률이 250~300%로 오른 것이다. 하지만 용적률 상향 조치가 시장에서 기대했던 거래 활성화로 이어지지는 않고 있다. 오히려 매도자들이 용적률 상향을 근거로 매매가를 더 높이고 있다. 용적률이 높아졌으니 '나는 이 정도 가격은 받아야겠다'라며 시세를 올린 것이다. 결국 매도인의 욕심은 시장 거래를 가로막는 요인으로 작용하고 있으며, 결과적으로 해당 지역 부동산은 산으로 가는 중이다.

임대 수익률 3%에 연연하지 마라

시장에서는 건물 임대 수익률 3%가 보편적으로 통하고 있다. 하지만 3%라는 숫자에 너무 집중한 나머지 중요한 것을 놓치고 있다. 임대 수익률 3%가 나오려면 100억 원짜리 빌딩에서 월 2,500만 원의 임대료가 나와야 한다. 이 금액에는 건물 유지 관리에 필요한 비용도 포함되어 있으니 실질적으로 건물주가 손에 쥐는 돈은 그보다 훨씬 더 적다. 하지만 앞뒤 사정 따져보지 않고 임대 수익률 3%라고 하면 좋은 투자처라고 성급하게 판단해버린다.

과거에는 이렇게 판단해도 큰 손해를 보지 않았다. 당시에는 경기도 좋앉고, 공실 리스크도 적었으며 대출 금리도 낮았다. 이런 조건들이 종합적으로 맞아떨어졌기 때문에 수익을 낼 수 있었다. 하지만 지금은 리스크가 많은 데다 경기가 계속 안 좋아지고 있으니 점점 더 수익을 내기가 어렵다.

똑똑한 투자자라면 3%가 아닌, '여기에 내 자본금 얼마를 투자할 것인가?'를 먼저 따져야 한다. 예를 들어, 100억 원짜리 건물을 매입할 때 자기 자본금 50%가 투자된다면 실질적으로 50억 원이 투자되는데, 이때 자본 수익률 5%를 만들려면 임대료를 얼마나 받아야 하는지를 먼저 계산할 줄 알아야 한다. 요즘 상업용 건물 투자 시장에 진입하려면 이렇게 구조적으로 수익률을 파악하는 훈련이 필요하다. 예전처럼 주먹구구식으로 접근했다가는 큰코다친다.

제대로 된 전문가를 찾아라!

수익이 나오지 않아도 미래 가치 상승에 대한 기대감으로 건물을 매입하는 시기가 있었다. 딱 5년 전에 그랬다. 하지만 지금은 운영 과정에서 수익이 나지 않으면 건물 가치가 상승해도 큰 의미가 없다. 10년 보유하는 동안 매년 1억 원씩 적자를 봤다면, 10년 후 이 건물을 20억 원 더 받고 팔았다고 해도 연 평균 수익률로 따졌을 때 은행 이자보다 못한 수준이 된다. 현재 건물 투자자가 처한 상황은 단순히 오래 들고 있다고 해서 수익이 보장되는 구조가 아니라 보유하는 동안 현금 흐름이 계속해서 좋아져야 한다. 이는 상업용 부동산의 본질, 즉 건물 투자는 단순한 부동산 보유가 아니라 사업 운영이라는 기본 개념이 그만큼 더 중요해졌다는 뜻이다.

우리가 직접 호텔을 운영할 수 없다면 그 분야에 전문성을 가진 운영사에 맡겨야 한다. 건물도 마찬가지다. 직접 운용하며 경영 관리할 능력이 없다면 그 역할을 대신할 전문 파트너와 협업하는 방식도 고려해야 한다. 하지만 우리나라 상업용 부동산 시장에는 전문가 수가 턱없이 부족하다. 이는 단순히 개인의 한계가 아니라 시장 구조의 문제이기도 하다. 건물 투자는 법률, 세금, 임대차, 마케팅, 자금 조달 등 다양한 영역이 복합적으로 얽혀 있는데, 이러한 전 과정을 통합적으로 이해하고 조언하기가 쉽지 않다.

건물 중개인의 경우, 매매 과정은 도와줄 수 있으나 수익 구조나 마케팅 전략, 법적 리스크와 세금 등을 전체적으로 설명해주기 어려운 경우가 많다. 특히 업력이 짧거나 경험이 많지 않은 중개인이라면 단순 중개 업무 이상의 역할을 기대하기 어렵다. 세무사는 어떨까? 이들은 세법을 기준을 '세금이 얼마 나온다', '양도세는 얼마다' 식으로 일을 처리한다. 세금 전문가라고 해서 건물 수익 모델이나 임대인 마케팅 전략까지 알려줄 수는 없다.

유튜브와 방송에서 활동하는 전문가라면? 이들은 거시적인 경제 흐름이나 부동산 시장 사이클, 금리와 자산 흐름과 같이 투자 시장 환경에 대해 주로 이야기한다. 물론 이런 정보도 도움이 되지만, 실제로 투자자가 현실에서 부딪히는 문제, 예를 들어 '이 건물에 어떤 임차인을 들여야 하는가?', '공실을 줄이기 위한 마케팅 전략은 무엇인가?'와 같은 실전 운영 전략을 알려주지는 않는다. 그들에게 구체적인 질문을 하면, "그건 마케팅 전문가에게 문의해보세요"라는 답이 돌아올 확률이 높다.

이것이 바로 지금 우리나라 건물 투자 시장의 현실이다. 정보는 많고 전문가도 많아 보이지만, 건물 운영이라는 실전에 돌입하면 누구도 책임을 갖고 조언하기 힘들다. 결국 투자자 본인이 공부하지 않으면 안 된다. 자신이 보유한 건물을 어떻게 기획해서 멋진 상품을 만들지, 어떤 임차인을 타깃으로 할지, 그들에게 소구하기 위해 홍보와 마케팅을 어떻게 할 것인지 등을 스스로 고민하고 설계해야 한다.

건물 투자자는 '조물주 위의 건물주'가 아니라 수익 구조를 설계하고 잘 운영하는 사람이다. 이것이 바로 건물 투자에서 살아남는 방법이고, 성공으로 가는 길이다.

건물 경영 마인드
세팅하기

건물이 시세 차익용 부동산이라는 생각을 버렸다면, 이제부터는 어떻게 수익을 높일 수 있는지 구체적인 방법을 배워야 한다. 공부하다 보면 수익률 1%를 높이기 위해 신경 써야 할 것이 무척 많다는 것을 알게 될 것이다.

앞서 설명한 것처럼 경영 마인드를 장착하는 것은 그 어떤 개념보다 우선한다. 건물주가 되어 편하게 사는 삶만 꿈꾼다면 아예 시작하지 않는 것이 낫다. 사업을 한 번도 해본 적 없는 투자자일수록 마인드 세팅이 중요하다.

여기서 말하는 경영 마인드는 단순히 '이렇게 해야 한다'라는 수준에 그치지 않는다. 중요한 것은 '왜 그렇게 해야 하는가?'에 대한 본질적인 이해다. 예를 들어, 보유한 건물에 특정 임차인을 들이기 위해 일정한 투자를 한다고 가정해보자. 그렇다면 계획을 실행하기에 앞서 그 공간 안에서 어떤 부가가치를 창출할 수 있을지를 먼저 고민해야 한다. 예를 들어, 원가 1,000만 원의 비용을 더 들인다고 할 때, 이 추가 지출로 인해 어느 정도의 수익을 만들어낼 수 있는지에 대한 계산이 서야 한다.

사업적 문제를 해결할 때 가장 피해야 할 것이 감정적으로 판단하는 것이다. 공실이 많아서 마케팅 비용을 더 지출해야 할 때 '지금 상황이 어려우니까 어쩔 수 없어'라는 식으로 결정을 내리는 것은 위험하다. 남들보다 마케팅 비용을 얼마나 더 지출할지, 그로 인해 거둘 수 있는 수익은 얼마인지 숫자로 구체화할수록 좋다.

'내가 지금 투자하고 있다'라는 인식을 가지고, 이 투자에 대한 효과가 얼마나 나올 수 있는지 미리 검증하는 것은 사업가의 기본이다. 그래야 위험을 줄일 수 있고, 실제 수익을 만들어낼 수 있다. 단순히 무엇인가를 '해야 한다'라는 생각에 그치지 않고, 왜 그것을 해야 하며, 어떤 결과를 기대할 수 있는지를 논리적으로 따져보는 습관이 필요하다.

투자 대비 수익 따져보기

사업 감각은 곧 숫자 감각이기도 하다. 예를 들어 10억 원을 들인 투자와 5,000만 원을 들인 투자를 비교했을 때, 단순히 많은 금액을 투자했다고 해서 수익이 더 클 것이라는 보장은 없다. 오히려 적게 투자해서 효율적으로 운영할 수 있는 방법을 찾는 게 더 나을 때도 있다.

보유한 건물이 40~50년 된 2~3층 규모의 낡은 건물이라고 가정해보자. 건물이 많이 노후화되어 임차인을 들이기 힘들어지자 10억 원의 비용을 투입해 리모델링을 계획한다. 하지만 현실은 그리 간단하지 않다. 리모델링을 통해 건물 외형이나 내부 컨디션을 좋게 만들 수는 있어도, 바꿀 수 없는 조건이 분명히 존재한다. 리모델링한다고 해서 땅이 넓어지는 것도 아니고, 주차장을 더 만들기도 어렵다. 상업용 건물에서는 주차 가능 대수가 굉장히 중요한 임차 조건 중 하나다. 월 500만 원을 내는 임차인과 월 1,000만 원을 내는 임차인을 가르는 요건이 될 수도 있다는 뜻이다.

만약 임차인이 '3대 이상 주차할 수 있는 공간이 필요하다'라고 요구한다면? 자신의 땅이 구조적으로 이 요청을 수용할 수 없다면 제아무리 10억 원을 투자해 건물을 잘 꾸며도 임차인이 들어올 가능성은 작다. 혹은 억지로 이 임차인에게 3개의 주차면을 할애한다면 다른 임차인을 받을 수 없을지도 모른다. 이처럼 주차 공간이 제한된 건물이라면, 아무리 입지가 좋은 리모델링 건물이라고 해도 한계가 명확하다.

일부 건물주들은 이런 조건을 무시한 채 '요즘 시세가 평당 얼마니까', 또는 '나는 10억 원을 들였으니까'라며 월 1,000만 원의 임대료를 받겠다고 고집부린다. 이런 생각이 바로 경영 마인드가 부족한 것이다.

사업가는 '시장 감각'이 있어야 한다

다이소에서 물건을 판다고 상상해보자. 다이소에 2만 원짜리 물건을 제시하면서 '공급하게 해달라'고 한다면? 물건 팔기 힘든 것은 둘째치고,

업체 측에서 받아주지도 않을 것이다. 이곳은 기본적으로 가격이 저렴해야 경쟁력이 있는 구조이기 때문이다. 그 시장이 원하는 가격 구조를 맞추기 위해서는 상품 원가를 조절해야 한다. 실제로 제약회사나 건강식품 브랜드가 마트 등 대형 유통 채널에 입점할 때 이런 전략을 쓴다. 제품의 원가를 조정해서 시장이 원하는 가격대에 맞추는 것이다.

건물 투자도 마찬가지다. '좋은 건물을 만들면 임차인이 알아서 들어오겠지'라는 것은 순진한 생각이다. 실제로 수익이 나오는 구조인지, 시장에서 받아들여질 수 있는 조건인지 냉정하게 따질 줄 알아야 한다. 앞서 사례를 든 건물주의 경우, 50년 된 낡은 건물에 10억 원을 투자하는 것이 비효율적이다. 이때 그가 선택할 수 있는 최선의 방법은 5,000만 원 정도의 비용으로 화장실이나 건물 외관 등을 간단히 손보는 것이다. 이는 최소한의 투자로 최대의 효율을 거둘 수 있는 전략이다.

5,000만 원을 투자해 시설을 개선하면 한 건물에서 500만 원 받던 임대료를 600만 원으로 인상할 수 있는 가능성이 생긴다. 만약 투자금 5,000만 원을 금리 5%로 은행에서 빌렸다고 가정해보자. 임대료 인상분 100만 원 중 20만 원은 은행 원리금 상환에 쓰고 나머지 80만 원은 순수익으로 챙길 수 있다. 임차인들은 쾌적한 화장실과 건물 외관이 정리되었으니 20% 정도의 임대료 인상은 합리적으로 받아들일 수 있다.

이 건물에 10억 원을 투자해 리모델링하면, 매월 그에 상당하는 은행 이자 400만 원을 내야 한다. 임대료를 기존 500만 원에서 1,000만 원으로 인상해야 이자를 감당할 수 있다. 하지만 임차인들은 새 건물처럼 리모델링되어도 주차 등 중요한 조건이 해결되지 않은 상황이라면 선뜻 월 1,000만 원으로 임대료를 올려주기가 쉽지 않다.

경영 마인드는 현실을 바탕으로 '숫자'를 정확히 따지는 데서 시작한다. 현재 처한 상황에서 원가와 수익률, 리스크를 파악할 수 있어야 한다. 이 감각이 없으면 오히려 큰돈을 투자하고도 손해만 볼 수 있다.

사업에 '신뢰'와 '시간'을 담아라

사업할 때 당장 눈앞의 손익만으로는 판단할 수 없을 때도 있다. 손해라는 것을 알면서도 비용을 투자할 수 있어야 한다는 뜻이다. 우리는 종종 누군가에게 당장 대가를 받지 않더라도 '그냥 해주겠다'라고 결정할 때가 있다. 사업도 마찬가지다. 내가 대가 없이 1,000만 원을 쓰면 상대방은 그에 대해 '빚을 졌다'라고 느끼며, 언젠가는 그 빚을 갚으려 든다. 이런 믿음을 전제로 움직이는 것이 사업이다.

리스크 관리도 이와 비슷하다. 임대료가 꾸준히 들어온다고 해서 사업이 계속해서 저절로 잘 굴러가는 것은 아니다. 보증금과 월세를 받고, 수익률이 얼마인지 계산하고 난 후에는 유보금이나 예비비를 마련해야 한다. 건물을 운영하다 보면 임차인이 계약을 종료하고 나가는 상황은 언제든 발생한다. 다음 임차인을 찾을 때까지 필요한 운영 자금을 미리 확보하는 것은 필수다. 만약 이런 준비가 되어 있지 않다면 수익에 공백이 생기고 운영이 흔들린다.

안타깝게도 많은 건물 투자자가 통장에 임대료가 꽂히면 "와, 임대료 들어왔네!" 혹은 "이번 달에 얼마 남겼네" 하며 만족해버린다. 그러다 어느 날 갑자기 "재산세가 너무 많이 나와서 낼 돈이 부족해"라고 할 수도 있다. 세무나 회계 기준에 대한 이해와 준비가 없으면 이런 일이 벌어질 수 있고, 그 모든 비용과 부담은 본인에게 돌아온다. 건물 임대 사업은 단순히 들어오는 돈만 관리하는 것이 아닌, 나갈 돈과 비어 있는 시간까지도 계산에 포함하는 것이다.

재무제표 보는 법

컴퓨터 프로그램을 활용해 수입과 지출을 정리할 수만 있어도 큰 도움이 된다. 그래서 종종 투자자에게 '엑셀을 한번 해보라'고 권한다. 나이 지긋한 투자자 중에는 엑셀을 어렵게 느끼는 분도 있다. 컴퓨터 세대가 아니었기 때문에 익숙하지 않은 것이다. 엑셀을 추천하는 이유는 간단하다. 건물 운영과 관련된 회계나 경영 지표를 직접 숫자로 정리하는 것이야말로 경영의 시작이기 때문이다. 엑셀은 수식과 표 계산 기능이 잘 갖춰져 있어 운영비, 수입, 수선비 등 비용을 정리하다 보면, 이는 곧 나만의 재무제표로 이어진다.

재무제표를 볼 줄 안다는 것은 단순한 회계 능력이 아니라 위기를 관리하고 기회를 만들 수 있다는 의미다. 예를 들어, 전년도에 수선비 1,000만 원이 지출되었는데, 올해는 100만 원만 지출되었다면 원인이 무엇인지 찾아낼 수 있다. 과거 옥상 방수 비용으로 1,000만 원이 지출되었다면 올해 옥상 수선비는 없을 것이라고 판단하는 동시에 '다른 쪽 방수는 아직 안 했는데 거기서 문제가 생길 수도 있다'라는 예측도 할 수 있다. 이런 해석과 예측 능력은 재무제표를 통해 만들어지고, 발전한다.

10층 건물 중 2개 층이 전년도에 공실이었고 총수익 3억 원이었는데, 올해 공실 증가로 2억 원으로 하락했다면 금리와 이자 비용까지 함께 고려해서 운영 전략을 다시 짜야 한다. 이런 준비 역시 재무제표를 통해 가능하다.

재무제표 맨 밑단에는 유보금 항목이 있다. 이를 통해 '현재 몇 개월의 공실을 버틸 수 있겠다' 혹은 '유보금이 부족하니 관리비부터 줄여야겠다'라는 방식으로 운영 전략을 재설계한다. 유보금이 부족할 때는 인건비 조정이나 유지 보수 예산 축소 등 긴축 재정을 고려할 수 있고, 반대로 유보금이 넉넉하다면 '올해는 외장 공사를 해서 건물 가치를 높이겠다'라는 식의 투자 계획도 할 수 있다. 예비비도 마찬가지다. 갑작스러운 고장이나 수리 등 예측하지 못한 상황이 발생했을 때를 대비한 예비비 항목도 따로 확보되어야 한다.

수입이 늘었다고 무조건 기뻐해서도 안 된다. 전년도 수익이 3억 원이었는데 올해 3억 5,000만 원으로 늘었다면, 세금 증가에 대비해야 한다. 직원 급여를 인상하거나 필요한 유지 보수를 앞당겨 사용할 수도 있다.

이때 지출하는 비용은 소비가 아닌 투자와 절세의 수단이다. 단순히 세금을 줄이는 수준을 넘어, 건물의 부가가치를 높이고 미래 수익을 더 끌어올리는 선순환 구조를 만들 수 있다. '올해 3억 원의 수입을 올렸다면 내년에는 4억 원을 벌 수 있다'라고 생각하면서 계획을 세우는 것, 이것이 바로 경영 마인드다.

건물 운영은 숫자에서 시작된다. 엑셀은 이 숫자를 구조화하고, 재무제표는 그 숫자를 해석하는 언어다. 이 둘을 익히는 것이 건물 경영자가 되는 기초다.

임대료 인상을 위한
몇 가지 전략

상업용 부동산 시장에 공급이 증가하고 있다. 특히 테헤란로를 포함해 강남 일대 공실이 해결될 기미가 보이지 않는데, 이는 지난 몇 년간 이어진 공급 과잉이 주된 원인이다. 지금도 공급은 계속되고 있다. 서울 전역에 노후화된 지역이 많아 서울시나 정부 차원의 재개발 및 재건축도 활발하다. 향후 오피스텔을 비롯한 상업용 업무 공간 공급은 계속해서 늘어날 것이다.

계속해서 늘어나는 상업용 공간을 채우기 위해서는 대규모 자본이 들어올 수밖에 없다. 일부 거대 자본 세력들은 암묵적인 협의 구조를 통해 움직인다. 이런 분위기 속에서 일반 투자자는 접근조차 어려운 게 현실이다. 특히 꼬마빌딩 같은 소형 건물의 경우 대형 자본에 게임 상대가 되지 못한다. 자본으로만 움직이는 게 아니라 입지, 건물 컨디션, 임차인 특성 등 모든 것에서 경쟁할 수 없는 구조이기 때문이다.

이런 시장 상황에서는 건물이 작은 규모일수록 살아남기 위해 필사적으로 움직여야 한다. 공실이 발생했을 때 임차인을 유치하기 위해 구체적으로 어떤 노력을 해야 하는지, 자신의 건물이 다른 건물보다 어떻게 더 매력적으로 보일 수 있는지 고민해야 한다. 지금 건물 시장은 단순히 임대료를 낮춘다고 해서 계약이 성사되기는 어렵다. 오히려 임대료를 낮추는 순간 건물의 가치가 하락하는 위험 요소가 공존한다. 이제부터는 '내가 이 건물에서 제공할 수 있는 서비스는 무엇인가?', '임차인이 내 건물을 좋아하게 만들 방법은 무엇인가?'를 찾아야 한다. 이런 선결 과제가 해결되면 공실이 생겼을 때 남들보다 먼저 임차인을 채울 수 있으며, 더 나아가 임대료를 인상할 수 있는 근거가 마련된다.

상품과 유지 관리, 홍보&마케팅

임대료를 높이기 위한 전략은 크게 세 가지로 요약할 수 있다. 첫째 상품, 둘째 유지 관리, 셋째 홍보와 마케팅이다.

상품으로서 건물은 기본이 중요하다. 설계, 구조, 편의시설, 공용 공간, 동선 등이 잘 갖춰지면 우위에 놓인다. 디테일에 따라 상품성이 갈리는 것은 당연하다. 가방 하나를 살 때도 누구는 시장에서 값싼 가방을 사지만 누군가는 백화점에서 고가의 명품 가방을 산다. 건물 역시 상품이 어떤 수준이냐에 따라 들어오는 임차인의 수준이 달라진다.

그다음은 유지 관리다. 단순히 청소나 시설 점검에 그치는 것이 아니라 임차인이 계속 머물 수 있는 환경을 만들어주는 것이 중요하다. 화장실을 깨끗하게 유지하고, 출입 시스템을 편리하게 개선하고, 건물 공조 시스템을 업그레이드하면 임차인의 만족도는 높아진다. 이 모든 것이 유지 관리라는 이름의 서비스다.

최근 들어 홍보와 마케팅 비중도 점점 커지고 있다. 이를 놓치는 경우가 많은데, 요즘처럼 공실이 많고 금융 비용이 커지는 상황에서는 건물주가 적극적으로 마케팅을 해야 한다. 단순히 부동산 공인중개사 사무소에만 의존하던 시대는 지났다. 중개인에게 인센티브를 제시하거나 입주자를 타깃팅해서 광고하거나 인근 수요자에게 접근하는 전략, 유튜브나 SNS를 통한 홍보 등 사용할 수 있는 모든 전략을 고려해야 한다,

임차인 이탈 방지를 위한 '상생' 마인드도 점점 더 중요해지고 있다. 건물주라고 해서 임차인보다 우위에 있다고 생각하는 것은 옛날 사고방식이다. 서로 도와야 모두 성공할 수 있다는 것을 알아야 한다. 자기 건물이 어떤 임차인을 대상으로 하고 있으며, 그들이 원하는 조건이 무엇인지 파악하고 그를 충족시킬 수 있는 다양한 전략을 함께 구사해야 한다.

임대료 인상의 조건

건물주가 "임대료 올려주세요"라고 요청했을 때 별말 없이 올려주는 임차인도 있지만, "건물 관리도 안 해주면서 무슨 임대료 인상이냐?"라는 반응도 적지 않다. 임대료는 법적 기준으로 환산 보증금이 9억 원 미만일

때, 연간 5%까지 인상할 수 있다. 만약 환산 보증금이 9억 원 이상이면, 임대료 인상에 상한선이 없다.

이 경우, 임대인과 임차인이 협의를 통해 임대료 인상이 가능하다. 실제로 돈 잘 버는 임차사는 임대료 인상에 큰 부담을 느끼지 않는다. 비용 처리가 가능하기 때문이다. 이들에게 중요한 것은 돈보다는 좋은 근무 환경이나 복지를 위한 건물주의 투자다. 능력 있는 임차사를 유치하기 위해서는 건물주가 그만큼 준비가 되어 있어야 한다.

학원을 유치하고 싶을 때 '나는 학원이 들어왔으면 좋겠어'라고 바라기만 해서는 안 된다. 자기 건물이 건축법이나 규제 등 학원이 요구하는 시설에 부합하는지 살펴보는 게 먼저다. 이런 조건을 충족시키지 못한 채 '옆 건물은 학원을 받는데 나는 왜 못 받아?'라고 해봐야 시장에서 통하지 않는다.

요즘 건물주 사이에서 위기의식이 높아지고 있다. 공실이 오래 지속되고, 이자 부담도 증가하면서 버티기 힘들기 때문이다. 반대로 생각하면 절박한 지금이 오히려 기회일 수 있다. 위기가 사람을 바꾸고 절박함이 행동을 끌어낸다. 이제부터 '차별화된 관리'를 통해 살아남는 몇 가지 요소를 살펴보자. 건물 임대 컨설팅에서 가장 자주, 그리고 많이 언급되는 것들이다.

간판 : 건물을 알리는 첫인상

간판은 건물의 첫인상을 결정짓는다. 동시에 건물주의 철학이 드러나는 지점이기도 하다. 과거에는 건물주들이 건물에 간판을 다는 것을 꺼리거나 아예 간판을 못 달게 하는 경우도 많았다. 간판을 달려면 전기선을 연결해 불이 켜야 하는데, 그러려면 건물에 구멍을 뚫어야 했다. 외벽이 손상되거나 마감재가 망가진다고 싫어한 것이다. '내 건물이 얼마나 비싸고 좋은 건물인데'라는 게 이들의 생각이다. 전형적인 옛날 마인드다.

최근에 건물을 신축하는 건축주들은 처음부터 간판 설치 위치를 설계에 포함시킨다. 더 나아가 건물 외관을 해치지 않으면서 가시성이 확보될 수 있도록 미학적으로 접근한다. 이는 단순히 건물의 미관만 고려한 것이 아니라 임차인이 운영하는 사업이나 장사가 잘될 수 있도록 돕는 서비스 정신이다. 1층 상가의 경우, 임차인이 높은 임대료를 감수하고 들어오는 이유는 가시성과 광고 효과 때문이다. 간판이 사람들 눈에 잘 뜨일수록 매출과 직결되고, 매출이 올라가면 임대료 상승으로 이어질 수 있으며, 이는 건물의 시장 가치 상승으로 연결된다.

경영 마인드는 '임차인 사업이 잘되게 하려면 무엇을 도와줘야 하는가?'를 먼저 고민하는 것이다. 실제로 건물 외부에 철제 구조물을 세워 간판을 설치하게 하는 것도 좋은 방법이다. '우리 건물은 옥외 간판, 전광판 설치 서비스를 제공합니다'라는 전략은 임차인에게 좋은 호응을 얻을 수 있고, 공실 리스크를 줄이는 데 도움이 될 수 있다.

건물 유리창에 홍보 문구나 스티커를 붙일 수도 있다. 일부 꼬마빌딩 건물주는 '나갈 때 원상복구를 해준다면 광고 스티커를 붙여도 좋다'라고 제안하기도 한다. 이런 배려는 임차인에게 투자할 이유를 만든다. 간판을 걸거나 스티커를 붙이는 등의 홍보작업에는 꽤 많은 비용이 들어간다. 적게는 몇백만 원, 많게는 수천만 원이 드는데, 이는 임차인에게는 전부 매몰 비용이다. 굳이 건물을 옮기기보다 임대료 100만 원 정도 올려달라고 해도 기꺼이 응하게 만드는 요인이 될 수도 있다. 병원이나 전문 서비스 업종은 인테리어에 수천만 원 또는 수억 원 이상을 투자하기 때문에 이사 비용을 지불하는 것보다 임대료를 올려주는 편이 더 나을 수 있다. 임차인이 나가면 임대인 역시 중개 수수료를 내거나, 임대가 안 되어 임대료를 낮추거나, 그도 아니면 공실을 감수해야 하니 서로 윈윈하는 전략을 선택한다.

주차 : 건물 수익을 두 배로 만드는 전략

건물 관리에서 주차 공간은 단순한 편의 제공을 넘어 수익을 만드는 중요한 자산이다. 특히 도심에 위치한 작은 규모의 빌딩은 주차 공간이 한정적이기 때문에 어떻게 활용하느냐에 따라 건물의 매력도와 임대료를 높일 수 있다.

건물 층별로 자동차 한 대씩만 주차할 수 있는 건물이 있다고 가정해보자. 입주자들은 항상 주차가 힘들다면서 불만을 제기할 것이고, 임대인은 주차장이 좁아 늘 복잡하기 때문에 이를 관리하기가 쉽지 않다. 이때 공간 부족을 탓하기보다 어떻게 주차 효율을 높일 수 있을지 고민한다. 주차장을 투자 관점으로 다시 바라보는 것이다.

건물이 작아도 기본적으로 4~5대 정도의 주차 공간은 있게 마련이다. 이때 건물 뒤쪽이나 비는 공간에 기계식 주차장을 추가로 설치할 수 있는지 타진한다. 차량 8대 정도 주차할 수 있는 공작물을 설치하면 총 10대 내외의 주차면이 확보된다. 설치 비용은 대략 5,000만 원 내외로 예상할 수 있다.

건물 주차 대수가 두 배로 늘어나면 그 자체가 임대 경쟁력이 된다. 기존에 100만 원의 임대료를 받고 있었다면, 주차면을 더 제공하는 조건으로 120만 원을 제시할 수 있다. 또는 한 대의 주차면은 기본으로 제공하고, 나머지 한 대의 주차면에 대해서 별도로 10만 원 혹은 20만 원을 추가로 징수할 수 있다. 임대인 입장에서는 수익을 높일 수 있는 다양한 옵션 사항이 추가되는 것이다. 이렇게 수익이 증가하면 주차장 설비 투자 비용은 빠르게 회수할 수 있다.

중요한 것은 이 작은 투자 하나가 건물의 경쟁력을 완전히 바꿔놓을 수 있다는 점이다. 같은 규모의 건물이라도 '주차 2대가 가능하다'로 인식되는 것과 '주차 1대가 가능하다'로 인식되는 것은 차원이 다르다. 상대적으로 좋은 주차 여건은 더 좋은 임차인을 유치하고, 계약 유지 기간을 늘린다.

많은 건물주가 주차장을 단순한 부대 시설로 여긴다. 하지만 주차장은 건물의 수익성과 직결되는 부분이다. 제대로 설계하고 약간의 투자를 통해 높은 효율과 새로운 수익을 창출하는 수단으로 활용하자.

화장실 : 이용자에 따른 차별화

상업용 건물의 화장실은 임차사 성격에 따라 달라진다. '누가 사용할 것이냐'를 기준으로 전략적으로 판단해야 한다. 고급 임차인을 유치하고 싶다면 호텔급 수준의 화장실을 제공해야 한다. 반면 초중고생 대상의 학원으로 임차한다면 너무 고급스러운 화장실은 필요하지 않다. 비데를 설치하고 고급 마감재를 쓴다고 해서 학원 임차에 더 유리하지 않기 때문이다. 실제로 학원과 같은 환경에서는 고급 시설이 충분히 활용되기도 어렵다.

반면 금융사나 컨설팅 회사 같은 전문 서비스 기업이 들어오는 건물이라면 이야기는 달라진다. 외부 방문자가 많고, 수준 높은 고객 응대 서비스가 이뤄져야 하니 화장실에도 공을 들여야 한다. 화장실의 청결도와 위치, 구성 등이 중요한데, 이때 남녀 화장실을 각각 한 층씩 따로 설계하지 않도록 주의한다. 드나드는 고객 입장에서는 계단을 오르내리며 화장실을 사용하는 것을 불편하게 여긴다. 이렇게 세심한 부분까지 배려할 수 있어야 임차사의 선택을 받을 수 있다.

화장실도 수익에 연동된 공간이라는 인식이 필요하다. 누구를 대상으로 임차할 것인지에 따라 얼마를 투자할지 결정한다.

면적 : '된다'라고 해서 지었는데 망하는 이유

상권마다 적합한 업종이 있듯, 업종마다 들어갈 수 있는 건물 조건이 있다. 예를 들어, 대치동은 대표적인 학원 상권이다. 반면 논현이나 신사동은 학원보다는 메디컬 상권이 강하다. 이렇게 각각의 업종에 맞춰서 건물 용도와 구조를 미리 계획하면, 원하는 임차인을 빠르게 유치하는 데 도움이 된다.

대치동에서 학원을 넣고 싶다면 사전 준비가 필요하다. 학원이 들어오려면 한 층 면적으로 전용 50평은 확보되어야 한다. 강의실 공간은 법적으로 정한 면적이기 때문에 이 기준을 충족하지 못하면 학원 인허가에 문제가 생긴다. 여기에는 엘리베이터나 복도 등 공용 면적은 포함되지 않기 때문에 현실적으로 이 정도의 공간을 확보하려면 대지 면적 140평 이상이 필요하다. 또한 학원은 다중이용시설이기 때문에 계단도 두 군데로 나눠서 설치해야 한다. 화재 등 사고 발생 때 대피할 수 있는 비상계단 설치가 필수이기 때문이다.

이 외에도 관련 법규에 따라 소방시설 설치 등 다양한 기준을 만족시켜야 한다. 건물과 공간이 이런 제반 요건에 부합하지 않으면 학원 인가가 나지 않는다. 인허가 기준에 미달하면 보습 학원만 들어올 수 있다. 학원과 보습 학원은 운영 방식, 세금 등 여러 면에서 다르게 운영된다. 이런 내용을 모르는 건물주는 '대치동은 학원이 많고, 수요도 많으니 건물 공급만 해주면 얼마든지 학원을 유치할 수 있다'라고 생각한다. 이렇게 아무 생각 없이 건물을 지어버리면 인허가에서 막히고, 건물은 공실로 남을 확률이 높다.

상권에 어울리는 업종이 있어도 모든 건물에 해당 업종을 넣을 수 없다. 특정 업종을 넣고 싶다면 처음부터 법적 요건과 그에 맞는 공간 설계를 잡고 가야 한다. 이런 준비는 하루아침에 만들어지지 않는다. 지속적인 관심과 공부를 통해 대비하고 준비해야 가능하다.

누수 : 사고가 아니라 관리 부재

누수는 건물 관리할 때 가장 흔하게 발생하는 사고인 동시에 가장 피로도가 높은 문제다. 원인은 다양하다. 건물이 노후했거나 임차인의 부주의, 관리 부재 등으로 발생한다. 건물을 매입한 후 누수가 발생하면 "건물 판 사람이 나한테 이야기도 인 하고 팔았다"라며 원망한다. 이런 말은 의미 없다. 처음부터 꼼꼼히 챙기는 게 현재 소유주의 몫이기 때문이다.

누수는 특히 여름철 장마 기간에 자주 발생한다. 비가 갑자기, 많이 오는 집중호우가 누수의 주요 원인 중 하나다. 장마로 인한 누수는 반드시 그전에 대비해야 한다. 집수정 청소, 배관 물 빠짐 점검, 외부 실리콘 균열 체크 등을 확인하는 것이 필수다. 특히 옥상의 물 빠지는 구멍에 낙엽이 쌓이지 않았는지 반드시 체크한다.

여름철 누수 대비가 필수라면 겨울에는 동파에 대비한다. 기온이 영하로 떨어지면 수도관이 얼지 않도록 배관에 열선을 감아줘야 하는데, 깜박

잊고 열선 코드를 꽂지 않아 낭패를 보는 경우가 많다. 아파트는 거주하는 사람이 책임지지만, 건물은 건물주 책임이라는 것을 반드시 기억한다.

장마로 인한 누수 외에, 상업용 건물에서 가장 골치 아픈 것은 배관이나 정화조가 막혀서 발생하는 누수다. 건물 1층에는 음식점이 입점한 경우가 많다. 음식점 주방에서는 기름을 많이 사용하는데, 이 기름이 배관을 통해 정화조까지 흘러 들어갈 수 있다. 추운 겨울철에는 기름이 굳기 때문에 배관과 정화조가 막히기 쉬운데, 이를 방지하기 위해 음식점 주방 내부에 '그리스트랩'이라는 장치를 설치해야 한다.

그리스트랩은 기름과 물을 분리하는 장치로, 작은 정화조라고 생각하면 이해하기 쉽다. 하지만 비용이 발생하기 때문에 음식점주가 이를 설치하지 않는 경우가 많다. 그 결과, 기름이 쌓이고 쌓이다가 결국 배관과 정화조에 흘러 들어가 굳는다. 한번 막히면 이때부터 난리가 난다. 지하에서부터 역류되어 천정에서 물이 뚝뚝 흐르거나 심하면 터져버린다.

사고가 나면 피해 보상을 누가 해야 하는지 책임소재를 찾는 것이 중요하다. 그래야 피해 보상 주체를 결정할 수 있다. 이 경우, 책임은 문제의 원인을 제공한 임차인, 즉 1층 음식점에 있다. 그리스트랩을 설치해야 하는데, 이를 설치하지 않아 발생한 문제이기 때문이다. 만약 이런 사실을 모른 채 건물주가 모든 수리비와 임차 매장의 손해까지 보상하면 건물 운영에 막대한 손실이 빚어진다. 건물 운영에 관한 지식도 없고 준비도 되어 있지 않으면, 사고나 문제가 터졌을 때 화나고 짜증 나는 것은 둘째치고 모든 것을 돈으로 막을 수밖에 없다. 이러면 건물 운영에 큰 손해가 나는 것은 두말할 것도 없다.

명도 : 설득이 아니라 계약이다

건물 신축을 계획 중이라면 가장 먼저 고려할 것이 명도(明渡)다. 명도는 임차인이 점유한 공간을 비워주는 것을 의미하며, 건물주가 재건축이나 신축 등을 진행할 때 필수적으로 해결해야 할 선결 조건이다. 임차인과 계약을 체결할 때부터 '언제쯤 신축할 계획이고 그 시점에는 명도해달라'라는 내용을 확인받아야 한다. 또한 '인테리어 등 입주 때 발생한 비용의 몇 퍼센트를 명도비로 지급하겠다'라는 내용도 덧붙이면 좋다.

이런 내용이 계약 서류에 명확히 드러나지 않으면 항상 문제가 생긴다. 많은 건물주가 이를 간과한 채 "언젠가 지을 수도 있으니까 그때는 협조해주세요"라고 구두로 전달하는 것으로 끝낸다. 말로 한 것도 약속이니 큰 문제가 없을까?

시간이 흘러 실제로 신축한다고 생각해보자. 임차인은 사업이 잘되어 승승장구 중인데 건물주가 "나가달라"라고 요청하면 "임대차보호법상 10년까지 계약 갱신 요구권이 있으니 못 나가겠다"라고 맞설 수 있다. 건물주는 계약할 때 구두로 협조하기로 했으니 약속은 약속이라고 주장한다. 이때 임차인이 "협조하는 대신 지금 이 자리를 나가면 권리금으로 10억 원을 받을 수 있으니 명도 보상금으로 10억 원을 달라"라고 요청할 수 있다. 실제로 계약서에 명도비용을 정해놓지 않았다면, 이런 경우에 임대인이 선택할 수 있는 방법은 그리 많지 않다. 돈으로 막아야 하는 무시무시한 상황이 펼쳐질 수도 있다.

건물 운영은 사업이다. 사업할 때 계약서를 작성해야 하고, 계약은 지식이 있어야 제대로 체결할 수 있다. 지금은 '내가 평소에 그렇게 잘해줬는데, 인정상 좀 도와줘야지'라는 말은 통하지 않는 세상이다. 명도는 설득으로 해결할 수 있는 문제가 아니다. 처음부터 계약서에 분명하게 기록하는 것이 유일한 해결 방법이라는 것을 반드시 기억한다.

홍보&마케팅 : 건물 수익 높이는 최종 병기

요즘 건물은 구조나 컨디션이 대부분 비슷하기 때문에 경쟁력을 확보하기 쉽지 않다. 이때 필요한 것이 건물의 가치를 효과적으로 드러낼 수 있는 홍보와 마케팅 전략이다. 실제로 누가, 어떤 방식으로, 얼마나 열심히 홍보하느냐에 따라 건물 노출 빈도가 높아지고, 이는 곧 임대 실적으로 이어진다.

부동산 공인중개사 사무소에 홍보를 맡기면 인근 지역에 임대 현수막을 걸거나 네이버에 광고를 내는 수준에 그치는 경우가 많다. 지금은 건물주가 직접 유튜브 채널을 제작할 정도로 홍보에 적극적인 세상이다. 또는 광고나 마케팅을 전문으로 하는 젊은 공인중개사에게 건물 임대 홍보를 맡기는 사례도 늘고 있다. 블로그나 인스타그램, 전문 커뮤니티와 같은

SNS 채널을 활용하는 등 전방위적인 온오프라인 수단을 강구해야 한다.

수수료 인센티브도 효과적인데, 서비스 비용을 과감하게 지출할수록 결과물도 좋아질 확률이 높다. 현재 상업용 부동산 중개 수수료는 0.9%다. 하지만 건물주에 따라서는 기본 0.9%에 추가로 0.9%를 인센티브로 제공하기도 한다. 중개인은 인센티브를 받기 위해 더 열심히, 적극적으로 뛰어다니고, 거래가 빠르게 성사되면 건물주도 그만큼의 이익을 얻게 되니 서로 윈윈할 수 있다.

지금은 건물도 경쟁하는 시대다. 건물이라는 상품을 어떻게 잘 포장해서 사람들에게 홍보할지 고민해야 한다. 그래야 빠르게 공실을 채우고 임대료를 유지할 수 있다.

부동산은 상품,
차별화로 승부하라!

부동산도 상품성이 각기 다르다. 여기서 상품성이란 부동산을 하나의 '제품'으로 봤을 때 임차인이나 투자자, 혹은 건물이나 상업 시설에 방문한 고객이 해당 건물을 선택할 이유가 충분해야 한다는 뜻이다. 상품성을 높이기 위해서는 '어떻게 차별화시킬까?'를 먼저 고민한다. 남들과 다른 것을 찾아내 강점으로 만들어야 경쟁력을 갖출 수 있다.

최근 강남에서 찾은 한 편의점은 한쪽 벽면 전체를 와인과 위스키로 채운 주류 특화 코너를 운영하고 있었다. 34층 건물의 1층에 자리한 매장이었는데, 주변에 대형 커피숍과 다른 경쟁 브랜드 편의점이 있었음에도 확실하게 구별되었다. 대치동의 한 편의점은 김밥이나 샌드위치 등 1인용 패스트푸드를 집중적으로 구성하고 다양한 브랜드를 선보이며 손님을 끌어모으고 있었다.

이처럼 단순한 상업 시설도 차별화 전략 추구에 안간힘을 쓴다. 상업용 부동산은 더하다. 물리적 공간은 똑같아도 그 안의 상품이 어떻게 구성되는지, 소비자가 그 공간 안에서 어떤 경험을 할 수 있는지에 따라 새로운 부가가치가 창출된다.

물론 차별화하겠다는 명분만 앞세운 채 완성도가 부실하면 안 하느니만 못한 결과를 가져올 수도 있다. 최근 부동산 업계에서 실패작으로 회자된 건물이 하나 있다. 강남구 청담동에 들어선 건물인데, 처음에는 '대한민국에서 가장 프라이빗한 회원제 클럽'을 만들겠다며 프랑스의 유명 건축가를 기용해 고급스럽고 독창적인 외관과 세련된 인테리어 설계로 화제를 모았다. 하지만 완공된 후 살펴보니 처음 설계했던 건물은 온데간데없고, 일반 분양용 상가와 다를 바 없는 평범한 건물로 바뀌어 있었다.

도산대로 중심부라는 최상급 입지라는 강점을 갖고도 그에 걸맞은 건축적 완성도를 갖추지 못한 것이다. 수익 모델이 정해지면 그것에 걸맞은 디자인과 상품성이 필요한데 이를 구현하지 못했으니, 결국 기대했던 상품의 차별화는 물 건너갈 수밖에 없었다.

단순히 공간의 규모와 입지만으로 승부하는 시대는 지났다

현재 국내 부동산 시장에서 건물의 상품성을 선도하는 분야는 단연 주거용 아파트다. 비싼 아파트일수록 가격에 걸맞게 공간의 차별화와 고도화를 추구하고 있다. 반면 상업용 부동산은 여전히 공간의 질보다 '양'으로 승부하려는 습성이 남아 있다. 투자자나 임차인 대부분이 면적에만 관심을 두니, 공간의 퀄리티나 효율, 상품성에 대한 이해도가 낮다.

동일한 크기의 테라스 공간이라도 창문이 동서남북 어느 방향으로 나 있는가에 따라, 혹은 어떤 풍경이 보이느냐에 따라 사용자의 만족도와 활용도는 크게 달라진다. 외관과 내장재, 창문 배치, 공용 공간까지 꼼꼼하게 기획해 입주자의 만족도와 가치를 높인다면 같은 100평 면적이라도 누구는 월 1,000만 원의 임대료를 받을 때 자신은 2,000만 원까지 받을 수 있다.

지금은 과거처럼 '시간이 지나면 자연스럽게 자산 가격이 상승하는' 시대가 아니다. 이제는 건물끼리 경쟁이 치열하다. 기본적인 기능을 완벽히 갖춘 후 이를 뒷받침하는 서비스로 가치를 높이는 전략이 절실하다. 이때 무조건 돈을 많이 들인다고 상품성이 좋아지는 것은 아니다. 물론 자본 투자는 필요하지만, 건물 외벽에 고급 외장재만 붙인다고 가치가 높아지지는 않는다. 그보다 더 중요한 것은 건물주가 어떻게 운영하느냐다.

스마트폰을 예로 들면, 디자인이 멋지더라도 통화 품질이 떨어지거나 속도가 느리면 소비자가 선택하지 않는다. 건물도 마찬가지다. 물과 전기가 안정적으로 공급되고, 냉난방이 계절에 맞게 작동하고, 환기가 잘되어야 한다. 주차가 편리해야 하며, 엘리베이터가 충분히 빨라야 하고, 건물 내부의 디스플레이와 안내 시스템, 하다못해 로비의 첫인상까지 모든 요소가 잘 관리되고 운영되어야 상품으로서 가치가 높아진다.

하지만 여전히 많은 건물주가 이런 이야기를 잘 받아들이지 못한다. 이들은 과거에 건물의 상품성을 높여 자산 가치를 끌어올려 본 경험이 없다. 보유만으로 충분했으니 그럴 필요성을 못 느끼는 것이다. 자신이 갑이라는 마인드도 강하다. 올드 세대일수록 특히 그렇다. 그들은 "강남에 있으면 입지가 깡패지, 뭐가 더 필요해?"라고 말한다. 제아무리 잘나가는 입지라도 시대 변화에 따라 부침을 겪는다. 지금이 바로 그런 시기다.

건물은 하나, 기능은 복합

상업용 건물의 임차를 구성할 때는 다양성을 추구하는 것이 유리하다. 예를 들어, 테헤란로의 오피스 전용 건물 1층에 빵집을 넣는다고 가정해 보자. 보통은 단순 사무실 임대를 생각하기 때문에 1층에는 급배수 설비를 뺀다. 하지만 생각을 바꿔 급배수시설을 넣은 후 규모 있는 빵집 등 식음료 서비스가 가능한 업체를 임차하는 방식을 고려할 수 있다. 입주자뿐만 아니라 인근 사무실 직원과 방문객이 쉽게 이용할 수 있고, 같은 건물의 임차 사무실에서 회의나 소규모 행사가 있을 때 식음료를 주문해 바로 공급받을 수 있다. 임차인은 안정적인 매출을, 임대인은 건물 가치 상승과 장기 임대 안정성을 얻을 수 있다. 이처럼 하나의 건물에도 복합적인 기능을 갖추는 방식에 주목해야 한다.

최근 신사역 인근의 1,500평 건물 구성안도 눈여겨볼 만하다. 이곳은 대기업 자회사가 임차해 사용하던 곳으로, 곧 재건축을 앞두고 있다. 신사역 주변은 의료 관광 수요가 높은 메디컬 특구다. 이런 입지에서는 다수의 피부과와 성형외과 등이 입점하는 단순 병원 건물을 계획하기 쉽다. 하지만 건물 전체를 병원으로 채우는 것보다 상부 세 개 층을 레지던스로 사용하면서 나머지 층에 1~2개의 대형 메디컬 병원을 유치하는 것을 고려할 수 있다. 환자는 시술과 숙박을 한 건물 안에서 해결할 수 있고, 병원은 숙박 시설을 운영하면서 새로운 수익원을 확보할 수 있다.

실제로 신사동 근처 호텔 1박 비용은 50만 원에 육박한다. 만약 레지던스를 월 100만 원에 장기 이용할 수 있게 하면 관광객 체류 기간이 더 늘어날 수 있다. 이러면 머무는 기간이 길어지면서 더 많은 소비를 유도할 수 있고, 병원 인근 지역 경제에도 긍정적인 효과를 줄 수 있다.

오피스 전용 건물도 다양한 구성 방식을 도입할 수 있다. 최근 서울 도심지는 신축 오피스 건물의 공급량이 많아지면서 경쟁이 치열하다. 요즘 수요자들은 단순히 사무실 공간만 제공받는 것을 넘어 업무 효율과 편의성을 높여주는 서비스와 부대 업무를 기대한다. 이를 충족시키려면 건물주가 입주자의 불편과 요구 사항을 분석할 필요가 있다. 예를 들어, 건물 1층이나 저층부에 사무용품 전문 매장이나 컴퓨터나 전산 관련 수리 및 지원센터 등을 함께 구성할 수 있다. 임차사 중에 부동산 회사가 있다면 같은 건물에 은행 등을 유치해 대출이나 금융 상담 연계 서비스가 가능하게 하거나, 부동산 관련 업무를 지원하는 법률, 세무, 회계 서비스 센터를 구성해 시너지 효과를 유도할 수도 있다.

복합 기능으로 구성된 건물 효과는 기존에 대기업이 참여하는 대규모 부동산 개발 프로젝트에서 확인할 수 있다. 이들은 호텔과 오피스, 상업 시설과 아파트를 한곳에 유기적으로 모아놓는다. 이런 모델이 등장하는 이유는 명확하다. 요즘 사람들은 이동하는 데 드는 시간을 아까워하며, 차라리 그 시간을 업무에 집중해 생산성과 효율성을 높이는 것이 훨씬 효과적이라고 여긴다. 사무실 가까운 곳에 믿을 만한 파트너사가 있어 빠르게 업무 협력이 가능해지면 이보다 더 효율적일 수 없다.

이처럼 다양한 소비자 요구를 고려해 복합 기능을 갖춘 건물로 구성한다면 '원스톱 비즈니스 플랫폼'이 될 수도 있다. 단순히 공간 서비스업이 아닌, 하나의 비즈니스 생태계로 거듭날 수 있다는 뜻이다.

지능형 건물이 뜨고 있다

지능형 건물은 건물의 안전, 편의, 효율, 자동화 등 기능적 완성도를 높여 건물의 고도화를 추구하는 것을 말한다. 초고속 인터넷망과 자동화 시스템을 활용해 건물 운영 전반을 최적화하는데, 대표적인 사례로 엘리베이터 효율화를 들 수 있다. 방문자가 건물 1층 키오스크에서 목적지를 선택하면 버튼을 누르지 않아도 해당 층으로 가는 엘리베이터가 자동 호출되어 사용자가 예약한 층으로 이동한다. 건물 보안성 측면에서도 상당히 효율적이다.

건물의 내외부 환경 자동 제어 시스템 기능도 있다. 외부 온도와 햇빛의 방향, 빛의 세기에 맞춰 실내 온도를 자동으로 맞춰주고, 햇빛이 들어오면 자동으로 블라인드를 작동시킨다. 이런 방식으로 운영되는 건물 대부분은 에너지 전략 건축물, 친환경 인증 건축물인 경우가 많다. 또한 지금까지 아파트에서 주로 활용되던 스마트폰을 활용한 실내조명, 냉난방 제어, 보안 시스템 관리 등이 상업용 건물에서도 구현되고 있다. 실제로 이런 지능형 건물은 20여 년 전부터 일부 대형 건물에서 등장한 시스템으로, 시간이 흐를수록 기능이 업그레이드되고 있다. 앞으로 건물의 진정한 경쟁력은 하드웨어보다는 건물 효율과 생산성을 높이는 소프트웨어에서 나오는 시대가 될 것이다.

건물도 브랜딩 시대

건물 기능과 서비스를 잘 갖춰 제대로 된 상품을 만들었다면, 이제는 그 상품을 잘 '포장'해서 어떻게 세상에 알릴지 고민할 차례다. 이를 다른 말로 '건물 브랜딩'이라고 한다.

대기업 건설사가 뛰어난 기술력을 갖추고 있다는 것은 세상이 다 안다. 그러나 '잘 짓는 것'과 '잘 파는 것'은 또 다른 영역이다. 세상에 인형은 흔하지만, '피카츄'라는 이름과 캐릭터를 입히면 그 순간 누구나 알아보는 상품이 되는 것과 비슷하다. 건물도 이름을 잘 짓고, 스토리텔링을 하면서 이미지를 쌓아가고, 홍보와 마케팅에 투자해 시장 가치를 올리는 방법을 추구해야 한다.

강남역 일대에서 평당 10억 원 이상 받는 빌딩은 입지와 건물 외형의 장점을 넘어, 짧은 시간 안에 완성도 높은 '포장'을 해낸 것이 특징이다. 이 포장의 핵심은 '테넌트 구성'이다. 테넌트는 업종 선택을 넘어, 그 업종 중에서도 어떤 특정 브랜드가 입주했느냐가 관건이다. 같은 법조 타운 내 건물이라도 생소한 이름의 변호사 사무실이 입주한 건물과 유명 로펌이 입주한 건물은 시장에서 완전히 다르게 취급받는다.

테헤란로에는 좋은 빌딩이 정말 많다. 그 모든 빌딩이 다 각자의 이름을 가졌지만, 이름만으로 존재감을 갖는 빌딩은 많지 않다. 그중에 '코엑스 빌딩', '포스코 빌딩'처럼 고유 명사화된 빌딩이 소수 존재한다. 이는 빌딩 자체가 브랜드화된 것으로, 건물 자체로 그 지역의 랜드마크 역할을 한다. 빌딩 규모가 크기 때문에 가능한 것 아니냐고 물을 수 있는데, 같은 지역에, 비슷한 규모의 대형 건물이라도 사람들이 이름을 모르는 경우가 대부분이다. 이처럼 건물은 어떻게 브랜딩하느냐에 따라 가치가 달라진다.

브랜딩은 건물주가 직접 등장하지 않아도 가능하다. 예를 들어, 선릉역 인근의 HJ타워는 쿠팡이 입주하면서 '쿠팡 건물'로 불리기 시작했다. 인근의 샹제리제 홀 건물은 오피스텔 건물임에도 불구하고 고유명사화되었다. 당시 대기업 회장 부인이 소유했던 건물이었는데, 여기에 예식장을 만들어 적극적으로 홍보했기 때문에 가능했다. 구의역의 재건축 복합단지인 이스트폴은 광진구청 등을 비롯해 관공서, 호텔, 상업 시설, 주거 시설 등이 다양하게 들어와 있지만, 그중에서도 쿠팡 본사가 들어오면서 드디어 브랜딩 효과를 얻었다.

브랜딩이 꼭 대형 건물에만 해당하는 것은 아니다. 소규모 건물도 브랜딩 효과를 만들 수 있다. 'OO역 롯데리아 건물', 'OO역 O번 출구 스타벅스 건물' 등으로 불리는 방식이다. 어떤 연예인은 이름 없는 평범한 건물을 매입해 스타벅스를 유치한 후 스스로를 '스타벅스 건물주'로 마케팅했다. 결국 건물 자체가 유명해지면서 나중에 큰 시세 차익을 얻을 수 있었다.

최근 몇 년간은 공유 오피스가 건물 브랜딩에 영향을 미쳤다. 위워크가 대표적인데, 건물을 소유한 것이 아님에도 임차한 건물의 명칭과 인지도를 '위워크 건물'로 장악했다. 이렇게 특정 브랜드가 건물 이름이 되는 순간, 건물주는 임대 수익 외에 부가적인 건물 가치 상승 효과를 얻는다.

좋은 임차사 찾는 것도 일이다

유명 프랜차이즈 업체를 임차사로 들이기도 쉽지 않다. 브랜드 파워가 강할수록 건물의 위치나 외관 등에만 의존하지 않는다. 내부 설비, 공간 구성, 편의시설 등 일정 기준이 충족되는지 따진다. 유명 브랜드를 유치하고 싶은 건물주라면 임차인이 원하는 건물의 세부 조건을 갖추는 것이 먼저다.

건물 조건을 갖췄다면 적극적으로 임차사를 찾아다니는 과정이 필요하다. '건물이 준비되었으니 들어올 사람은 알아서 비싼 값 치르고 들어오라'는 태도로는 힘들다.

건물이 완공되면 인근 지역뿐만이 아니라 전국 주요 상권과 네트워크를 갖춘 부동산 서비스 회사들에 건물 정보를 보내서 홍보한다. '이런 건물이 준공되었고, 이런 콘셉트와 특화된 임차 구성을 계획하고 있다'라는 점을 알리고, 조건에 맞는 잠재 임차인을 추천해달라고 요청한다. 보다 적극적인 유인책을 마련해도 좋다. 특정 업종을 유치했을 때 추가로 중개수수료를 주겠다고 제안하면, 부동산 중개 회사의 적극적인 관심과 참여를 끌어낼 수 있다.

유지 관리와 업그레이드를 통한 품질 개선

건물은 한번 지었다고 끝나는 것이 아니라 계속적인 관리는 물론, 설비 업그레이드로 경쟁력을 유지해야 한다. 건물 관련 기술도 매년 발전하기 때문에 최신 장비로 교체하면 장기적으로 이득이 된다. 전기 제품이나 설비 시설이 특히 그렇다. 일례로, 건물에 설치된 에어컨은 시간이 지날수록 성능이 떨어지는 게 일반적이다. 이를 교체하면 초기 구매 비용이 발생하지만, 전기료 절감 효과가 훨씬 커서 1~2년 안에 투자비를 회수할 수 있다.

작은 편의시설로 건물 품질을 높이는 방법도 있다. 건물 화장실에 비데를 설치한 후, 전문 관리업체를 통해 청소와 유지 서비스를 맡기면 임차인과 방문객 모두에게 고급스러운 건물 이미지를 심어줄 수 있다. 비용은 임차사 관리비에 소폭 반영하면 큰 문제가 되지 않는다. 이런 아이디어를 실행에 옮기기 힘든 것은 돈이 없어서가 아니라 정보나 경험이 부족하기 때문이다. 본인들이 아파트에 거주하면서 얻는 편의시설 아이디어를 상업시설에도 적용해보려는 인식의 전환도 필요하다.

수도, 전기, 엘리베이터, 화장실 등 물리적 기능 업그레이드도 있지만,

눈에 보이지 않는 무형의 가치에도 신경 쓴다. 건물 로비에 그림을 걸고, 계절별로 어울리는 화분이나 꽃을 배치하는 방식으로 문화적 감수성을 높일 수 있다. 또한 젊고 친절한 안내인이나 경비원들을 배치하는 것만으로도 방문객의 호감을 살 수 있다. 요즘 유행하는 향기 마케팅도 활용할 수 있다. 국내 한 대형 서점이 자사의 시그니처 향을 만들어 호응을 얻는 것과 비슷한 방식인데, 오피스 건물이라면 업무 공간을 제외한 로비나 화장실 등 공용 공간에 향기 마케팅을 활용할 수 있을 것이다.

주차는 건물 경영에서 가장 중요한 서비스 품목이다. 입주사를 위해 발레파킹 서비스를 도입하고, 로비에 들어설 때 안내직원이 엘리베이터 버튼을 눌러주는 등 최고급 서비스를 도입하면 이용객 만족도가 높다.

건물은 관리하지 않으면 삼가상각이 빠르게 진행된다. 반대로 지속적인 품질 관리와 서비스 업그레이드로 기능을 개선하면 감가상각을 완화하는 동시에 자산 가치를 높일 수 있다. 옛날처럼 무조건 '아끼겠다'라는 고집을 버리고 선진국형 건물 관리 서비스를 도입해 수익을 높일 수 있는 방법을 강구한다.

지속 가능한 인프라 관리

건물에도 인프라가 있는데, 이는 건물주의 의지와 기획력에 따라 설계하고 조성할 수 있는 부분을 의미한다. 예를 들어, 어떤 건물은 옥상을 비워두지만, 어떤 건물은 옥상을 테라스식 휴게 공간으로 꾸며 직원들이 차를 마시거나 휴식할 수 있게 돕는다. 비슷한 맥락으로 건물 지하층을 임차인 공용 창고로 제공하는 곳도 있다. 아파트 지하 창고처럼, 있으면 무척 편리하지만 기본적으로 제공되지 않는 기능을 건물주가 제공할 경우, 임차인 만족도는 수직으로 상승한다. 어떤 건물은 지하에 라운지, 영화감상 공간, 소규모 모임 등을 할 수 있게 꾸며 입주사 직원들의 문화 활동을 돕는다. 이는 요즘 아파트에 유행하는 커뮤니티 센터를 만들어주는 것과 비슷하다.

옥상이나 지하 휴식 공간 등 생활 인프라가 직원들의 삶의 질을 높인다면, 업무 인프라는 기업의 생산성과 운용 효율을 지원한다. 예를 들어, 대기업은 우편과 택배 발송을 처리하는 담당 직원을 두는 경우가 많다. 하지만 중소기업은 이런 지원이 쉽지 않다. 이때 건물 자체적으로 안내 데스크를 마련해 입주사에게 우편과 택배를 대행하는 서비스를 제공할 수 있다. 실제로 공유 오피스 브랜드들은 이런 서비스를 도입해 소비자에게 좋은 반응을 얻는다.

건물의 공용 공간을 활용해 입주사를 위한 홍보나 광고 서비스를 제공할 수도 있다. 엘리베이터 내부에 설치된 모니터나 건물 외부 LED 전광판을 활용해 입주사 관련 영상이나 홍보물을 게시하면 방문객뿐만 아니라 입주 직원의 호응도가 높다.

건물에 특별한 공간이나 시설을 만들어놓는다고 해서 무조건 활성화되는 것은 아니라는 것도 알아야 한다. 옥상을 휴식용 루프톱으로 만들면 처음 얼마간은 사람들이 그럭저럭 사용하지만, 관리가 안 되거나 후속 조치가 없으면 공간이 방치되거나 보여주기식 공간으로 전락한다. 실제로 돈을 들여 꾸민 후 방치되는 건물 옥상 사례는 우리 주변에서 쉽게 찾아볼 수 있다. 결국 공간은 끊임없이 '에너지'를 불어넣어야 지속성을 확보할 수 있다.

루프톱을 활용해 점심시간에 바리스타를 초대해 무료 커피 시음회를 열거나 퇴근 시간에 맞춰 와인 행사를 진행할 수도 있다. 이러면 사람들이 자주 방문하게 되고, 옥상은 자연스럽게 일상 속으로 들어온다. 프로그램을 지속적으로 업데이트하면 더욱 효과적이다. 처음에 바리스타를 초청했다면 그다음은 전문 셰프를 초청해 시식회를 열거나 트렌드에 맞는 새로운 프로그램으로 변화를 꾀하는 식이다. 이런 시도가 반복될 때 공간은 비로소 활성화되고 지속적인 가치를 만들어낸다. 이를 위해서는 비용을 들여야 하는 것은 물론 인맥과 네트워크도 필요하며, 무엇보다 기획자의 꾸준한 에너지 투입이 필수적이다.

<Insight>

600억 원 건물주는 자기 건물을 어떻게 관리할까?

건물 관리 또는 경영을 이야기할 때 항상 떠올리는 건물주가 한 명 있다. 그는 "600억 원짜리 건물을 가진 게 아니라 600억 원짜리 사업체를 운영한다"라고 늘 이야기한다. 서울 강남 요지에 빌딩을 보유했지만 스스로를 '운영자'로 소개할 만큼 건물 경영에서 독보적인 행보를 보인다. 지금까지 수많은 건물주를 만났지만, 이처럼 앞서가는 마인드로 건물을 운영하는 이는 찾기 힘들었다.

건물 규모는 크지 않다. 기계식 주차장이 지하에 있고, 규모도 중대형 수준이다. 하지만 1층 경비실에서 입주사의 대표이사, 임원 차량을 대상으로 무료 발레파킹 서비스를 제공한다. 입주사 입장에서는 주차면이 꽉 찼을 때 인근을 헤매지 않아도 되고, 출근할 때 "오셨습니까?"라는 인사와 함께 차를 지하에 주차해주니 만족감이 높다. 퇴근할 때도 미리 연락만 하면 지상 출구 앞까지 차를 빼놓는다. 이 정도면 거의 호텔급 주차 서비스다.

임차사가 내는 관리비는 평당 8만 원 수준이다. 근처의 다른 빌딩 관리비가 평균 2만 원 내외인 것을 고려하면 400% 이상 높다. 그런데도 임차사는 불만이 없다. "임대료를 평당 100만 원 이상 올려도 계속 있겠다",

혹은 "관리비를 두 배 내더라도 이전하고 싶지 않다"라는 말까지 나온다. 핵심은 '차별화'다. 어떤 건물도 이런 서비스를 제공하지 않기 때문이다.

임차사 대표뿐만 아니라 일하는 직원들도 건물을 좋아하는데, 이유는 다양하다. 우선 건물 컨디션이 최상급이다. 신축 건물은 아니지만, 관리와 청소 상태 등이 완벽에 가깝다. 내외부 인테리어 자재가 고급스럽고, 특히 로비나 복도, 계단, 화장실 등의 공용부에 공을 많이 들인 흔적이 역력하다.

건물의 차별화 포인트를 단적으로 보여주는 것이 화장실이다. 문을 열고 들어가면 자동으로 음악이 흘러나오며, 좋은 향기가 공간을 감싼다. 화장실 안에는 충전기가 설치되어 있으며, 모니터도 있다. 화장실에서 한참을 앉아 있어도 될 정도다. 이런 시설을 보고 있으면 과거 삼성그룹의 이건희 회장 일화가 떠오른다. 그는 삼성그룹 건물의 모든 화장실을 전부 최고급으로 바꾸라고 지시했는데, 그 이유가 화장실이 '직원들이 아이디어를 떠올릴 수 있는 곳'이기 때문이었다.

이 건물은 강남의 작은 빌딩에 불과하지만, 시설만큼은 최고급 호텔 못지않게 꾸미고 관리한다. 이는 건물을 이용하는 사람들의 체감 만족도를 극대화한다. 건물 지하 공간은 임차인 전용 커뮤니티 시설로 이용된다. 탁구장, 영화 감상실, 넷플릭스 시청 공간, 테라스 티타임 공간 등이 마련되어 있어 입주사 직원들이 내려와 언제든 사용할 수 있다. 공간 사용료는 무료다. 건물주는 지하층을 임대해서 얼마 되지 않은 임대료를 더 받는 것보다는 차라리 그 공간에 투자해서 지상층 임대 경쟁력을 높이는 게 낫다고 판단했다.

지하의 직원 커뮤니티 시설은 임차한 기업의 복지를 상징하며, 직원을 채용할 때 임차사의 이미지까지 끌어올린다. 자연스럽게 공실 리스크는 사라지고, 임차사 이탈률도 낮아진다. 이곳의 건물주는 단순한 친절이나 편의 제공을 넘어 '건물 내부에서의 경험'까지도 설계해 부가가치를 높이는 전략을 펴고 있었다.

여기에 더해 임차사를 단순한 임대료 납부자로 여기지 않고, 오히려 건물의 이미지와 콘텐츠를 구성하는 핵심 요소로 바라본다. 이 건물에 입주했던 한 벤처 회사가 사옥을 사서 떠나게 되자, 건물주는 직접 유튜브 영상을 제작해 인근 지역에서 활동하는 유튜버에게 전달했다. 영상에는 '우리 건물에는 이런 기업들이 있었습니다. 우리는 아무나 받지 않습니다. 이런 철학과 비전을 가진 기업을 원합니다'라는 메시지가 담겼다. 영상을 통해 임대 마케팅을 하고, 선별된 테넌트를 유치하는 방식을 고수하는 것이다.

건축 잡지와도 꾸준히 협업했다. 리모델링을 진행할 때는 유명 대학의 건축과 교수팀과 함께 설계했고, 그 과정과 결과물을 잡지에 기사로 실어 특정 집단에 소구할 수 있는 홍보 전략도 이어나갔다. 이런 전반적인 과정을 통해서 건물은 하나의 브랜드로 인식될 수 있었다.

건물주의 철학은 분명하다. 건물은 보유하는 것이 아니라 운영하는 것이며, 어떻게 운영할지 끊임없이 고민하고 최선의 결과물을 내기 위해 부지런히 노력해야 한다는 것이다. 그는 건물의 공실 관리, 테넌트 경험, 서비스 마인드, 콘텐츠 홍보에 이르기까지, 모든 것을 최고 수준으로 끌어올렸다. 그래서 그는 건물주가 아닌 '사업가'다. 건물 하나를 600억 원짜리 사업체로 전환한 그의 행보는 임대 사업의 지향점을 보여준다.

PART 4

새로운 생존 전략 :
기준을 다시 세워라

입지를 보는 새로운 눈 :
그때는 맞고 지금은 틀리다!

　상업용 부동산 사업에서 가장 중요한 가치 판단 기준은 입지다. 여기서 입지는 건물이 단순히 어느 지역에 위치(Location)하는지를 넘어, 그곳이 사업을 하기에 얼마나 유리한 환경인지를 다층적이고, 종합적으로 평가하는 방식이다. 입지는 상업용 부동산의 거의 모든 것을 결정하는 요인이라고 볼 수 있다.

　5년 전만 해도 상업용 부동산에 투자할 때 '좋은 입지'는 유동 인구가 많고, 트렌드에 민감한 핫플레이스가 우선이었다. 이런 곳은 임대료 상승과 자산 가치 상승이라는 두 마리 토끼를 다 잡을 수 있는 고성장 투자처로 인기가 높았다.

　그런데 지금은 분위기가 달라졌다. 성장에 방점을 찍기보다 지속 가능한 입지에 초점이 맞춰지고 있다. 공실이 적고 유행에 휘둘리지 않는 곳

등, 안정적인 수익률을 낼 수 있는지가 그 어떤 조건보다 중요해진 것이다. 이는 상업용 부동산의 본질에 한 발 더 다가갔다는 의미에서 긍정적인 변화다. 건물은 사업의 목적물로, 그 안에서 현금이 순환하며 수익이 발생하는 것이 존재 이유가 있기 때문이다. 앞으로 상업용 부동산 투자의 본질은 단기 시세 차익 모델보다는, 장기적인 안목에서 안정적으로 높은 임대 수익을 낼 수 있는 곳이 인기 투자처로 주목받을 것이다.

상업용 부동산에 처음 입문한 초보 투자자일수록 '흔들리지 않는' 상권을 선택하는 것이 중요하다. 하지만 많은 사람들이 건물 투자할 때 안정적인 상권보다는 유행 상권을 쫓아다닌다. SNS나 미디어에 민감한 세대일수록 방송이나 언론에서 '최근 여기가 핫하다', '이곳이 뜨고 있다'라는 식으로 부추기면 쉽게 몰려든다. 물론 유행 상권에도 성공 기회가 없는 것은 아니다. 하지만 대체적으로는 남이 차려놓은 밥상에 숟가락 하나 얹는 것과 비슷하다. 이미 시세가 오른 후 들어가는 경우가 많고, 그러면 자신이 감당해야 할 리스크가 크다.

핫플레이스보다 안정성에 주목하라

성수동은 여전히 많은 사람이 '요즘 제일 핫한 곳'이라고 입을 모은다. 하지만 실제로 성수동이 정말 좋은 입지인지는 의문이다. 성수동은 원래 준공업 지역이었다. 공장 부지로 활용되던 곳이었으며, 입지적으로 사통팔달(四通八達)도 아닌 데다 교통망도 부족했다. 지하철 2호선과 7호선이 있지만 2호선이 지상철로 되어 있어 소음이 심하고 가시성도 떨어진다.

처음부터 외부에서 사람들이 많이 유입될 수 있는 입지 조건을 갖춘 곳은 아니었다는 뜻이다.

성수동이 지금처럼 주목받게 된 몇 가지 이유가 있다. 우선 정책 지원을 꼽을 수 있다. 준공업 지역의 용적률을 완화해 아파트형 공장인 지식산업센터가 들어올 수 있는 계기를 만들었다. 곧이어 오피스텔이 지어지면서 주거 시설도 만들어졌다. 여기에 오세훈 서울시장이 생명력을 불어넣었다. 성수동 벤처밸리를 만들겠다고 선언했고, 성수 전략정비구역 사업을 빠르게 추진하겠다는 의지도 내비쳤다. 서울숲이 정비되고 인근에 고급 주거단지가 속속 세워지면서 인기도 올라갔다. 갤러리아 포레 맞은편에는 향후 대규모 호텔과 주상복합 시설도 세워질 예정이다.

이처럼 서울시의 개발 구상과 정책 의지가 맞물리면서 성수동이 급부상했다. 여기에 대규모 마케팅 효과가 덧입혀졌다. 대형 연예 기획사인 SM엔터테인먼트가 청담동 사옥을 떠나 성수동으로 이전하면서 연예인과 소규모 기획사들이 잇따라 성수동에 진입했다. 서울숲이라는 '숲세권' 이미지, 여기에 연예인들이 많이 출몰하면서 '연예인 거리'로 명성이 쌓였다. 연예인과 소비층이 몰려들자 대기업도 속속 자리를 틀었다. 대자본을 등에 업은 기업들은 성수동을 홍보와 마케팅 기지로 삼으며 각종 이벤트 장소로 활용했다. 이후 언론 보도가 결합하면서 성수동이 핫플레이스로 등극했고, 뒤늦게 투자자들이 몰리면서 상업용 부동산 가격도 단기간에 치솟았다.

하지만 이런 상황 속에서 정보의 비대칭성에 따른 투자 위험성도 도사리고 있었다. 실제로 SM엔터테인먼트 이전 시점과 맞물리는 2015년쯤 유명인들이 성수동 건물을 많이 매입했다. 당시만 해도 상권이 본격적으로 형성되지 않은 상태였지만, 소수가 미리 선점할 수 있었던 배경에는 성수동의 개발 방향과 마케팅 계획에 대한 정보를 이미 입수했을 것이라는 추측도 가능하다. 이처럼 일부 고급 정보는 특정 집단 내에서 공유되면서 일반인보다 훨씬 앞서 투자 타이밍을 잡는다. 뒤늦게 따라 들어온 투자자들이 몰리면서 단기간에 가격이 급등하면, 앞선 투자자는 빠르게 빠져나간다. 이런 상황은 본질적으로 리스크를 내포한다. 정책과 마케팅, 정보가 결합해 만들어진 유행 상권은 트렌드나 마케팅 동력이 꺾이면 쉽게 흔들리기 때문이다.

유행 상권 쫓지 마라

성수동에 유독 팝업 스토어나 쇼룸 등이 많이 들어오는 것도 긍정적으로 보기 힘들다. 오히려 위험한 상황으로 해석할 수 있으며, 이는 부동산 투자 관점에서 장기 수익을 기대하기 어렵다. 주식으로 치면 '단타 매매'에 가까운 투자처다. 부동산 자산 특성상 장기 보유와 안정적인 수익률이 중요한데, 성수동과 같은 트렌드형 유행 상권은 안정성이 떨어진다.

성수동 인근에 상대적으로 비교하기 좋은 입지가 하나 있다. 바로 화양동이다. 화양동은 성수동이 뜨기 이전부터 학세권과 역세권이 겹쳐 있는 복합 상권으로 유명했다. 술집, 노래방, 상점 등 다양한 업종이 섞여 오래

전부터 자연스럽게 사람들이 모여들었다. 성수동이 마케팅으로 만들어진 상권이라면, 화양동은 입지를 기반으로 한 고정적인 실제 수요가 기반이 된 상권이다.

요즘 화양동은 젊은 세대의 트렌디한 소비 성향에 맞춰 업종 구성이 바뀌고 있다. 최근 유행 아이템을 주제로 내세운 상업 공간이 속속 문을 열고 있는데, 이는 소비층의 취향 변화에 맞춰 자연스럽게 상권이 재편되는 과정으로 보인다. 이렇게 시대에 맞춰 변화에 적응하고 트렌드를 받아들이는 지역이 실제로는 부동산 투자를 하기에 적합한 상권이다.

그렇다고 해서 과거에 '좋았던 상권'이 지금도 무조건 좋다고 말하기는 힘들다. 한때 누구나 좋은 입지라고 말했던 곳들, 예를 들어 동대문이나 을지로, 종로나 종각 일대는 한때 최고의 상권으로 꼽혔으나 지금은 변화를 수용하지 못해 점점 쇠퇴하고 있다. 이런 지역들은 정책적인 뒷받침이 되지 않는 이상 개인 투자자가 들어가 상권을 다시 살려내기 힘들다.

지금은 입지를 따질 때 꾸준히 수요가 유입될 수 있는 안정적인 지역인지를 먼저 따져야 한다. 여기에 더해 중장기적으로 개발과 정책 요소로 계속해서 성장할 수 있는 지역이라면 투자에 적합한 입지다.

중심성이 흔들린다

과거 서울 도심에는 전통적인 상권이 존재했다. 종로, 광화문, 을지로 등을 비롯해 서울역, 영등포, 여의도, 테헤란로 등 대기업 본사와 공공기관, 금융기관 등이 밀집하면서 상권의 중심축 역할을 해온 곳들이다. 하지만 최근 들어 이런 중심성이 흔들리고 있다. 변화의 시작은 노무현 정부 시절 지방 분권 정책에서 비롯되었다. 공공 기관과 일부 기업이 지방으로 이전하면서 중심지의 기능이 점차 분산되었고, 여기에 시대적인 흐름이 맞물리면서 중심 상권들이 변화에 직면했다. 현재 중심성을 유지하는 곳은 극히 제한적이다. 한국은행이 자리한 명동 일대, 그리고 자본 시장의 중심지인 여의도 정도만이 상대적으로 중심성을 유지하고 있다.

테헤란로는 한때 IT와 벤처 기업들의 메카였지만, 지금은 업체들이 판교로 대거 이전했다. 물론 일부 회사는 인재를 구하기 힘들어 다시 돌아오기도 하지만 과거의 명성을 이어갈 만큼은 아니다. 성수동이 뜨면서 중소형 벤처 기업과 문화콘텐츠 산업계가 입지를 옮기고 있으며, 영등포와 당산역 주변으로도 일부 IT 기업들이 자리 잡는 등 계속해서 분산 효과가 진행되고 있다.

물론 테헤란로는 강남이라는 지리적 이점 덕분에 다른 지역보다 유리한 것이 사실이다. 실제로 건물 가격은 꾸준히 상승해왔다. 그러나 가격 수준이 지나치게 높아지면서, 이제 이 일대는 사실상 대기업들의 차지가 되고 있다. 강남과 테헤란로 일대의 토지 가격은 한때 평당 6억 원 수준이었지만, 지금은 8억 원, 10억 원을 넘어 12억 원 선까지 치솟았다. 이 같은 급등은 주변 지역 땅값까지 동시에 끌어올리는 효과를 만든다. 아무나 진입하기 어려운 무대가 되면서 결국 업무 중심 지구가 다른 지역으로 일부 이동하는 현상이 빚어지고 있다.

이처럼 서울의 전통 입지는 시간이 흐르면서 중심성을 계속 상실하고 있으며, 유일하게 그 지위를 잃지 않는 곳은 금융권 중심의 명동과 여의도뿐이다. 이처럼 과거의 중심지가 지금은 더 이상 작동하지 않을 수 있다는 점도 염두에 둬야 한다.

유동 인구 밀도가
핵심이다

　좋은 입지를 결정짓는 조건에는 여러 가지가 있지만, 현재 가장 중요한 요소는 '유동 인구 밀도'다. 유동 인구 밀도란, 특정 지역에 얼마나 많은 사람이 오고 가는지, 그 과정에서 해당 지역에 얼마나 오래 머무르는지를 의미한다. 유동 인구 밀도가 높은 지역이 탄생하려면 어느 한 가지 조건만 충족되어서는 안 된다. 정책과 마케팅, 세금과 개발 호재 등 다양한 요인이 복합적으로 작용해야 유동 인구 밀도가 높아질 수 있다.

　테헤란로처럼 전통적인 중심 상권도 유동 인구 밀도가 낮아지면서 상권 매력도가 점차 하락하고 있다. 현재 테헤란로에서 상권이 활기를 띠는 곳은 그나마 선릉역과 삼성역 인근 정도다. 선릉역은 독특하게도 중소형 기업이 많이 몰려 있는데, 특히 컨설팅이나 문화콘텐츠 관련 업종이 많다. 주말에도 사람들이 계속 몰려들 수 있는 환경이 마련되어 있다. 반면 역삼역 주변은 일반 오피스 밀집 지역이라 주말에는 사람이 많지 않다. 여기서 상권의 성패를 결정짓는 중요한 요소가 등장한다. 바로, '그 지역에 얼마나 많은 사람들이 거주하고 있는지'다. 즉, 생활과 일이 함께 이뤄지는 '주거와 업무 복합 공간'이야말로 향후에도 살아남을 수 있는 상권이 된다.

이런 현상은 강남에서 이미 나타나고 있다. 압구정 로데오 거리, 대치동 학원가 등은 상권을 둘러싼 주변이 모두 주택가다. 테헤란로에서도 상권이 비교적 안정적인 곳으로 꼽히는 선릉역 인근에도 주거 시설이 많다. 대로변을 비롯해 골목 안쪽으로 오피스텔과 아파트가 포진해 있으며, 세대수가 200~500세대에 달하는 곳도 많아 인구 밀집도가 높다. 실제 살고 있는 사람이 많으니 선릉역 인근 올리브영이나 다이소 같은 매장이 평일은 물론, 주말까지 매출이 지속적으로 발생한다. 세일이나 행사가 열리면 주말에 발 디딜 틈 없이 사람들이 몰린다. 주로 젊은 1인 가구거나 일대에 직장을 둔 맞벌이 부부 등이다.

이처럼 오피스 지역과 주거 밀집 지역이 섞여 있으면 유동 인구 밀도가 높을 수밖에 없다. 덕분에 인근의 근린생활시설 등 상업시설은 일주일 내내 매출이 발생한다. 상대적으로 오피스만 밀집한 지역에 있는 상업시설은 주말에 텅텅 비기 때문에 꾸준한 매출을 내기 힘들다.

결국 우리가 현재 고민해야 하는 좋은 입지의 구성 요소는 '업무 지역과 주거 지역이 자연스럽게 연결되고 있는가' 하는 점이다. 이 조건에서 특히 유심히 살펴봐야 할 요소가 1인 가구다. 업무 중심지 인근으로 1인 가구가 빠르게 증가하고 있는데, 이들이 상권에 큰 영향을 미치고 있다.

1인 가구가 늘고 있다

과거에는 전통적인 4인 가구 중심이었다면 지금은 1~2인 가구가 대세다. 특히 핵심 도심지를 중심으로 1인 가구가 빠르게 늘고 있다. 문재인 정부 시절 서울 역세권과 핵심지 인근에 청년임대주택, 도시형 생활주택, 오피스텔 등이 대거 지어졌는데, 이를 기점으로 젊은 인구가 많이 유입되었다.

하지만 우리는 여전히 주거 시설이라고 하면 아파트를 떠올리는 경향이 있다. 아파트는 가족 단위의 라이프스타일을 기본 전제로 생각하고 있다. 하지만 개인 생활을 중요하게 여기는 1~2인 가구는 소비 패턴, 생활 동선 등 모든 면에서 그들과 다르다. 투자에 성공하려면 이런 라이프스타일의 변화를 읽고 대응할 줄 알아야 한다.

도심지 내 커피전문점만 보더라도 두 가지 유형이 존재한다. 하나는 평일 출근하는 직장인을 대상으로 하는 소형의 테이크아웃 위주 매장이다. 이런 매장은 일주일 중 토요일, 일요일 이틀은 문을 닫아야 한다. 반면 테라스형 카페 등 공간에 여유가 있고 트렌디한 분위기를 풍기는 곳이라면 평일에는 주변 직장인을 끌어들이고, 주말에는 인근에 거주하는 1인 가구나 커플 등 거주민이나 방문객을 위한 휴식 공간으로 이용될 수 있다.

비슷한 방식으로 주중에는 직장인을 위한 한식 뷔페를 운영하고, 밤에는 술집 등으로 전환해 고정비용을 회수하는 식당도 고려해볼 만하다. 임대료가 높은 지역일수록 낮과 밤, 평일과 주말 가리지 않고 빈 시간 없이 매장을 운영해야 고정 비용을 회수할 수 있기 때문이다.

인근 상권이 가족 단위의 주거 형태 밀집 지역이라면, 그에 특화된 영업 방식을 마련할 필요가 있다. 예를 들어, 대단지 아파트 상가의 프랜차이즈 빵집 매장을 떠올려보자. 이런 곳은 단순히 빵만 파는 매장을 넘어 브런치 레스토랑을 겸하면 유리하다. 잠실의 한 아파트 단지 안에 있는 프랜차이즈 빵집은 주말 아침이면 가족 단위 고객이 몰려들어 매장 문을 열기도 전에 대기 줄이 길게 이어진다. 매대에는 빵을 구매하는 고객이, 테라스에는 브런치를 즐기는 고객이 자연스럽게 섞인다. 매장 운영 시간 역시 손님이 몰려드는 시간대에 따라 전략적으로 운영하면서 매출을 극대화한다. 이런 운영 방식은 철저한 기획력과 소비자 분석력에 기반할 때 가능해진다.

이처럼 입지의 활용도는 그 지역의 가구 형태, 소비 성향, 시간대별 수요, 주말과 평일 유동 인구 성격에 따라 달라진다. 지금은 주어진 입지 환경을 최대한 활용해 상품과 운영 전략을 다시 짜야 하는 시기다.

4.5일제가 세상을 바꾼다

상권과 입지의 미래를 바꿀 중요한 이슈가 우리 눈앞에 던져졌다. 바로 주 4.5일제다. 우리는 과거 주 5.5일제에서 주 5일제로 바뀌던 시절의 엄청난 변화를 직접 체험한 바 있다. 토요일 오전까지 근무하던 문화에서 토, 일 이틀을 온전히 쉴 수 있게 되자 주말 여가 문화가 폭발적으로 성장했다. 대표적인 것이 콘도 회원권 열풍이었다. 가족 중심 문화가 빠르게 성장했고 여행, 레저 산업도 덩달아 커지면서 라이프 스타일 자체가 근본적으로 변했다.

앞으로 주 4.5일제가 본격적으로 시행되면 그때보다 훨씬 더 큰 변화를 가져올 수 있다. 4.5일제는 단순히 0.5일이 더 생기는 것을 넘어, '2일 쉼'이 '3일 쉼'의 개념으로 전환되는 것이다. 지금은 주말 이틀간 여행을 떠나면 대개 1박 2일의 짧은 일정으로 다녀온다. 하지만 주 4.5일제가 시행되면 2박 3일 여행 일정이 가능하다. 여행지를 선택할 때 제약이 줄어들면서 어디로 갈지 고민하지 않아도 된다.

이런 변화는 기업 운영 방식에도 영향을 끼칠 수 있다. 주 4.5일제를 시행하면 직원들의 연월차 사용이 늘어나는 반면, 사무실 가동률은 줄어든다. 심하게는 직원들의 사무실 출근율이 50% 남짓할 수 있다. 이러면 테헤란로처럼 비싼 임대료를 내야 하는 오피스 밀집 지역에서 굳이 회사를 운영할 필요가 없다. 주중 절반밖에 사용하지 않은 공간에 높은 임대 비용을 지불하는 것은 비효율적이기 때문이다. 반대로 생각하면 생산성이 높고 부가가치가 큰 산업, 혹은 자본력이 탄탄한 기업만이 값비싼 지역에서 살아남을 수 있다. 이는 부동산 자산 시장의 부익부 빈익빈 현상으로 이어진다.

서울에서도 을지로처럼 한국은행이나 미래에셋과 같은 대형 금융회사가 버티고 있는 구역은 살아남겠지만, 그렇지 못한 지역은 임대료 부담을 이기지 못한 기업들이 빠져나갈 공산이 크다. 명동처럼 땅값이 비싼 지역은 특히 그렇다. 이를 투자자 입장에서 살펴보면 건물 자산 가치의 하락을 의미한다. 사이즈나 퀄리티에서 밀리는 순간 건물 임대 시장에서 도태될 수 있다.

결국 입지와 건물 경쟁력에 따라 자산 가치 양극화는 더 심해질 것이다. 교통 접근성이 좋고 건물 컨디션이 우수한 지역은 오히려 수요가 집중되겠지만, 차별화 요소가 없는 업무 상권은 빠르게 외면받을 수 있다. 쉽게 말해, 강남 핵심 상권은 여전히 매력을 유지하겠지만 주거 시설 위주의 송파는 기업 입지로서 매력이 떨어질 가능성이 농후하다.

주 4.5일제는 단순히 근무 시간 단축을 넘어, 기업 운영과 상권, 부동산 가치 체계를 뒤흔드는 트리거가 될 수 있다. 이런 시장에서 부동산 투자로 살아남으려면 입지와 상품성에서 더욱더 차별화되지 않으면 안 된다.

항아리 상권의 파워는
계속된다

항아리 상권은 가장 안정적이면서도 보수적인 상권으로 꼽힌다. 대표적인 예가 송파구 삼전동이다. 이곳은 근생 상권 주변으로, 탄탄한 주거지가 존재한다. 특기할 만한 것은 삼전역 배후 주거지가 아파트 단지가 아닌 대규모 빌라촌이라는 사실이다.

빌라 밀집 지역은 거주민들의 경제 활동이 매우 활발하다. 서민들이 많이 살고, 맞벌이 가정이 많으며 하루 종일 일과 가사 노동으로 바쁘게 오고 간다. 아침에 아이를 유치원이나 학교에 보내고 출근했다가 퇴근길에 장을 보거나 필요한 물건을 사는 등 생활 반경 안에서 지속적인 소비 활동을 벌이고, 주말에는 평일에 미뤄뒀던 일상적인 일들을 처리한다. 그 결과 병원, 약국, 학원, 마트, 편의점, 식당 등 소비 활동을 기반으로 한 상권이 촘촘하게 형성되고 회전율도 높다. 공실 위험성이 상대적으로 낮을 수밖에 없다.

이런 라이프스타일은 강남 아파트 거주민들과 뚜렷한 차이를 보인다. 대치동이나 반포 아파트 단지의 전업주부들은 활동성이 낮은 편이다. 오전에 느지막이 일어나 브런치를 즐기고, 차를 이용해 외부 맛집이나 백화점 등을 찾는다. 소비 액수는 크지만 소비하는 생활 반경이 넓고, 빌라 밀집 지역과 비교하면 주거지 가까운 곳에서 소비하는 일이 상대적으로 적다.

결정적으로, 인구 밀도가 다르다. 대지 면적이 50평일 때 아파트는 2가구 정도 살지만, 빌라는 10가구 이상 거주한다. 빌라 밀집 지역은 아이를 키우는 가구도 많아서 가족 단위 인구 밀도도 아파트 밀집 지역에 비해서 훨씬 높다. 이런 조건은 인근 근생 상권의 안정적인 매출을 뒷받침하는 중요한 요인이 된다.

단, 빌라 밀집 지역이라도 예외는 존재한다. 논현동의 빌라 주거 지역은 인구 밀도는 높지만 1인 가구 비율이 높아 가족 단위 소비가 적다. 역삼동 역시 비슷한 특징을 보인다. 반면 대치동은 가족 세대가 많아 상권 경쟁력이 좋은 편이다.

송파구 삼전역은 높은 인구 밀도와 역세권, 편리한 교통 여건 덕분에 서울에서도 가장 대표적인 항아리 상권으로 손꼽힌다. 하지만 비슷한 조건임에도 인근의 송파나루역은 생각보다 유동 인구가 적다. 언덕 지형이라 사람들이 그쪽으로 가려고 하지 않아 유동 흐름이 단절되기 때문이다. 언덕은 상권을 분석할 때 치명적인 약점으로 작용한다.

안정적인 항아리 상권은 초등학교 밀집 지역에서 자주 찾아볼 수 있다. 대표적인 곳이 도봉구 쌍문역 주변이다. 이곳은 인구 밀도가 매우 높기로 유명한데, 이를 확인해볼 수 있는 가장 간단한 방법은 인근 초등학교 개수를 세는 것이다. 초등학교가 많다는 것은 학령기 아이들이 많다는 뜻이고, 이는 부모 세대가 활발하게 소비 활동을 벌인다는 것을 의미한다. 이와 반대로 노인 인구가 많은 지역은 자산 가치는 높을 수 있지만, 소비 활동이 적어 인근 상권 활성화에 도움이 되지 않는다.

삼전역과 쌍문동은 젊은 세대 비중이 높고 인구 밀도가 높아 최적의 항아리 상권의 조건을 갖췄다. 이런 곳이야말로 안정적인 투자처로 추천할 만하다.

GTX의 저주

교통은 과거 입지를 평가할 때 가장 큰 비중을 차지하는 요소였다. 실제로 도로가 뚫리고 철도가 확장되면서 해당 지역의 부동산 가격은 대부분 올랐다. 그런데 최근 GTX 노선이 각 지역으로 뻗어나가면서 드러나는 양상이 기대했던 것과 많이 다르다.

GTX는 국민을 위한다는 명분 아래 정치적 목적이 깊게 깔린 대표적인 교통 정책이다. 표면적으로 시민들의 이동 편의성을 높여준다고 말하지만, 실제로는 정치인들의 선거 수단으로 작용하기 때문이다. 또한 부동산 시장을 자극하는 측면도 존재한다. 서울 집중화를 막고 수도권으로 인구를 분산시킨다고 주장하지만, 본질적으로는 건설 경기를 부양시키기 때문이다.

물론 단기적으로는 주거 수요가 생기고 부동산 가격이 들썩일 수도 있다. 문제는 이렇게 조성된 수도권 외곽 지역에 좋아서 입주하는 사람은 많지 않다는 사실이다. 대부분은 서울보다 신축 아파트 가격이 훨씬 낮기 때문에 '어쩔 수 없이' 이주한다. 강남이나 마포, 용산, 성동 등 도심 인기 지역의 거주비가 계속 오르면 거주자는 순차적으로 밀려나면서 서울 주변부, 다시 경기도 외곽으로 이동할 수밖에 없다. 자발적으로 이사 온 것이 아니기 때문에 이들의 마음속에는 항상 '언젠가는 다시 서울로, 가능하다면 '마용성'이나 강남으로 돌아가고 싶다'라는 욕구가 자리한다. 이런 일련의 심리적 기제로 나타난 것이 바로 'GTX의 저주'다.

GTX나 신분당선 등 수도권 외곽에 철도가 개통되면 해당 지역 주민들은 서울, 특히 강남의 인기 상권을 찾아 이동한다. 사는 곳은 수도권이지만 심리적인 지향점은 서울이기 때문이다. 그들의 점심, 저녁, 쇼핑, 병원 등 생활 소비중심지가 서울로 옮겨오면서 오히려 거주 지역 상권은 쇠퇴의 길을 걷는다. 광교가 대표적인 사례다.

신분당선이 개통되면서 강남 핵심 상권의 접근성이 좋아지자 광교 내부 상권이 급속도로 약화되었다. 상업용 부동산 투자 측면만 놓고 보면 GTX 등 철도 교통망이 확충되면 지역 상권 활성화가 이뤄지는 것이 아니라 오히려 지역민의 소비 유출을 부추기면서 상권 하락을 앞당긴다.

이런 현상은 GTX뿐만 아니라 지하철 연장 구간에서도 반복된다. 앞으로 7호선이 인천까지 연장되면 송도, 청라 등 인천만의 독자적인 상권이 약화될 가능성이 크다. 서울로 오가는 길이 편리해지면 사람들이 굳이 인천에서 소비하려 들지 않을 것이기 때문이다. 반대로 서울에서 송도나 청라를 찾아서 내려가는 경우는 드물기 때문에 소비 지역은 대부분 서울을 향한다고 볼 수 있다.

수원도 비슷한 변화를 겪었다. 과거에는 삼성전자와 관련된 출장 수요가 많아 수원 인근의 호텔과 술집 등의 수요가 많았지만, 지금은 출장 온 사람들이 수원에 머물지 않는다. 강남에서 먹고 놀다가 아침 일찍 지하철을 타고 수원으로 내려가 일을 보고 다시 올라온다. 선릉역에서 수인분당선을 타면 오가는 길이 무척 빠르고 편리하다. 결국 GTX를 비롯한 교통망 확충은 거주 편의성을 높일 수는 있지만, 지역 내 소비 기반을 약화시킨다는 치명적인 단점이 존재한다.

서울을 비롯한 수도권 집중 현상도 더욱 거세질 수 있다. 현재 계획 중인 GTX 노선이 광역 도시까지 확장되면 천안, 충청, 강원 등 지방 인구까지 서울 생활권으로 빨려 들어올 가능성이 크다. 지방 인구는 계속 줄어드는 반면 서울은 경제, 문화, 소비의 중심지로 계속 인기를 누릴 것이다. 이런 이유로 '마지막까지 살아남을 곳은 서울'이라는 확신이 강해지면서 서울의 '똘똘한 한 채'에 투자하려는 수요는 계속해서 증가할 수 있다.

이처럼 GTX 확산은 교통이 편리해진다는 단순한 의미를 넘어 인구 이동과 소비 흐름 변화, 지역 상권의 미래를 바꿔놓을 수 있기에 주의해서 살펴봐야 한다. 상업용 부동산 투자 관점에서 GTX 개통 예정지는 호재가 아닌 악재일 수 있다.

신도시 상가 비율 너무 높다

아파트를 재건축할 때 단지 내 상가 비율이 기존 20%에서 10%로 낮아졌다. 과잉 공급된 아파트 상가 문제를 해결하겠다는 뜻이다. 하지만 이미 늦은 감이 있다. 그동안 건설사는 주거 분양만으로 수익을 내기 어려워 상가 분양으로 수익을 충당해왔다. 그런데 상가 비율이 줄어들면 수익성이 낮아져 주거 시설 분양가를 높일 수밖에 없다.

하지만 분양가 상한제 등 각종 규제로 인해 분양가를 높이기 힘드니 아예 재건축 사업을 포기한다고 나설 수 있다. 조합원 입장에서도 분양가가 오르지 않으면 분담금을 높여야 하니 재건축 의지가 떨어진다. 이런 흐름은 결국 공급 축소로 이어지고, 현재 우리가 겪고 있는 주택 공급난으로 이어질 수 있다.

서울도 이런 상황인데, 신도시는 사업성이 거의 나오지 않아 특히 더 어렵다. 이미 땅값, 공사비, 인건비 등 사업 비용이 크게 오른 데다가 분양 성공을 확신하기 어려워 건설사가 착공을 꺼린다. 지방으로 내려갈수록 상황은 더 심각해 미분양이 계속 쌓이고 있다. 이는 사업자의 PF(프로젝트 파이낸싱) 부실로 이어져 시장을 더욱 어렵게 만들고 있다.

현재 상가 비율 과잉, 사업비 상승, 경기 침체 등 악재가 겹치면서 신도시 상가 투자는 과거처럼 매력적인 투자처가 되지 않는다.

모험보다
안정을 택하라

강남의 자산가로 불리는 60~70대가 적극적으로 투자 활동을 해온 것이라고는 생각하지 않는다. 그들은 가난하던 시절에 어떻게든 내 집 한 채를 장만하겠다는 마음으로 집을 사고 땅을 샀다. 특별한 투자 전략을 구사한 것도, 어려운 경제 지식을 바탕으로 한 투자는 아니었다. 하지만 수십 년이 지나고 보니 자연스럽게 자산가가 되어 있었다. 물론 예외도 있다. 교육을 잘 받아 경제 감각을 빨리 익힌 일부는 주식이나 부동산을 적극적으로 사고팔며 수익을 올리기도 했을 것이다. 그러나 그런 이들은 극소수였다.

최근 만난 한 70대 건물주는 약 2,500억 원 규모의 부동산 자산을 보유하고 있었다. 그는 과거에 돈이 생기면 무조건 땅을 샀다고 회상했다. 이들의 부모 세대는 자녀에게 돈이 생기면 무조건 논밭을 사라고 가르쳤다. 쌀과 보리 등 수확물로 직접 수익을 얻을 수 있는 전답이야말로 돈을 벌어주는 투자 수단이었기 때문이다. 이들의 땅에 대한 애착과 집착은 우리의 상상을 뛰어넘는다. 강남이 개발되기 전 뽕나무밭을 갖고 있던 사람들이 끝까지 팔지 않겠다는 태도로 수십 년간 그 땅을 지켰고, 결과적으로 시대적 개발 흐름과 맞물리면서 수백억, 수천억 원 자산가로 탄생할 수 있었다.

돈을 벌어 땅을 사는 시대가 저물고 돈을 '빌려서' 투자하는 시대로 변한 게 1988년 올림픽 즈음이었다. 당시 경제 성장과 함께 주택 가격이 1년에 15~20%씩 치솟았다. 집값이 폭등하는 시기를 몸소 체험하면서 사람들의 인식도 변했다. 부모님 세대가 '돈이 생기면 땅을 사라'라는 철학을 가졌다면, 1990년대부터는 '빚을 내서 집을 사라'가 대세가 되었다. 레버리지 투자가 본격화된 것이다.

이런 분위기가 1997년 IMF로 잠깐 주춤했는데, 당시 대출 금리가 20%까지 치솟으며 대출자들이 패닉에 빠졌다. 이후 2008년 글로벌 금융위기, 리먼 사태 등 다양한 경제 위기가 등장하면서 집값 역시 폭락과 반등을 거듭했다. 문제는 집값이 잠깐 내려갔다가 얼마 지나지 않아 반등했고, 다시 폭등 장세를 연출했다는 점이다. 이런 경험이 반복되자 사람들은 '어떤 경제 위기가 와도 부동산은 다시 오른다'라는 믿음을 갖게 되었다. 지금 우리 머릿속에 깊게 새겨진 부동산에 대한 확신은 20~30년 사이의 격변을 몸소 경험한 세대의 기억과 학습의 결과라고 볼 수 있다.

공격적 투자가 먹히지 않는 시대

굴곡진 시대 상황을 겪는 동안 자금을 많이 보유하거나 대출이 없는 소수의 자산가를 중심으로 재산을 몇 배씩 불리는 사례도 등장했다. 당시는 우리나라 자산 시장이 큰 변화를 맞던 시기로, 펀드 투자 등 주식 시장이 폭발적으로 커지고 있었다. 이때를 기점으로 사람들이 '투자가 무엇인지'를 학습하게 되었고, 자산 시장을 바라보는 눈도 변했다. 한국인의 특성 그대로 투자를 할 때 역시 매우 빠르고 공격적이었으며, 빚을 내서라도 과감하게 투자했다. 다행히 그때는 경제가 계속 성장했고, 국민 소득도 커졌다. 생활비를 지출하고 남는 소득이 있으니 빚을 내어 투자하더라도 갚을 수 있는 여력이 충분했다.

하지만 지금은 상황이 달라졌다. 소득은 정체되어 있고, 물가는 치솟는데다 부동산에 너무 많은 돈이 물려 있다. 이른바 부동산을 향한 '오버 페이스'인데, 현재로서는 개인의 소득으로 이를 감당하기 힘들다. 시세가 계속 오르지 않으면 파산 위험에 노출될 수도 있다. 이러면 더 이상 투자가 아니다. 특히 주택 시장에서 개인이 감당할 수 없는 무리한 투자가 나타나는데, 이는 모험을 넘어 거의 도박 수준이다.

물론 부동산은 자산 시장인 만큼 장기적으로는 상승할 가능성이 크다. 자산 가격이 상승해야 경제가 선순환할 수 있기 때문이다. 그러나 지금 자산 시장은 과거와 달리 변수가 너무 많고, 그 변수들 대부분이 부정적 징후를 드러내고 있다. 온라인 소비가 대세로 자리 잡았고, 해외 투자 비중은 늘고 있으며, 재택근무 확산과 인구 감소, 핵가족화와 1~2인 가구 증가 등 사회 전반에 걸쳐 구조적 변화가 진행되고 있다.

지방 소멸과 함께 서울 집중화가 지속되면서 무리하게 자금을 조달해 서울 부동산에 진입하려는 움직임도 거세다. 그러나 서울이라고 해도 모든 지역의 부동산이 오르는 것은 아니며, 시장 또한 항상 상승하지는 않는다. 현재 여력을 갖춘 투자자는 버틸 수 있는 시장일지 몰라도 레버리지를 일으켜 무리하게 투자했다가는 시장의 작은 충격에도 쉽게 무너질 수 있다.

자본 시장이 선진화되면서 부익부 빈익빈 현상도 심해지고 있다. 결국 거대 자본이 이길 수밖에 없는 구조로 변할 것이다. 100억 원 건물을 매입한 사람 중 자기 자본 50%를 투입한 경우와 80~90%의 레버리지를 쓴 사람은 시장의 충격에 대응하는 방법과 버딜 수 있는 기간이 전혀 다르다.

최근 투자자들과의 대화에서 자주 등장하는 말이 있다. "늘리는 것이 아니라 지키는 것이 먼저다." 자산을 지키는 동시에 새로운 기회를 찾는 것이야말로 지금 시점에서 가장 염두에 둬야 할 투자 전략이다. 당분간 시장은 모험보다는 안정에 초점을 맞춘 사람이 이기는 시장이 될 것이다.

모험하다 인생 망친다

한때 '공투(공동 투자)'가 유행한 적이 있었다. 이는 자본금이 부족한 사람들이 함께 돈을 모아 건물에 투자하는 방식이다. 자기 자본금이 5억 원뿐이라면 다른 사람과 합쳐 10억 원을 만들어 투자에 나선다. 돈이 많지 않으니 소유한 아파트를 공동 담보로 넣거나 남은 자산을 있는 대로 끌어모아 건물주가 되려 한다.

자본금이 크지 않은 이들에게는 '아파트에 투자하라'라고 조언하는데, 건물주를 꿈꾸는 이들에게는 호응도가 그리 높지 않다. 이유는 분명하다. 아파트는 대출 한도가 크지 않지만, 건물은 최대 80%까지 가능하다. 레버리지 투자를 극대화해 높은 투자 수익률을 얻겠다는 것이다. 이론적으로는 맞는 말이지만 무리수가 따른다. 금리가 오르거나 공실이 발생하면 마이너스 통장을 개설해 비용을 충당하다가 결국 이자 부담을 못 이겨 나가떨어질 수 있다.

실제로 강남에서는 이런 공투 사례를 쉽게 찾아볼 수 있다. 유명 유튜브 채널이나 중개법인들이 투자 세미나를 열어 지방 투자자를 끌어모아 건물 투자를 유도한다. 투자자들은 5억 원, 10억 원씩 모아 강남 이면의 빌라 등을 매입해 리모델링이나 신축을 진행한다. 그러나 매입 가격 자체가 이미 높기 때문에 수익 구조가 불안정할 수밖에 없으며, 지금은 투자자의 상당수가 난관에 봉착해 있다.

처음에는 화려한 성공담을 과시하는 이들도 적지 않았다. 고급 외제 차를 여러 대 소유하고, SNS를 통해 부를 과시하는 장면을 찍어 영상으로 올리기도 했다. 그러나 겉보기의 화려함과 달리 실상은 빚으로 운영되는 경우가 많았다. 신사동 이면 골목에 자산을 소유한 400억 원대 자산가도 알고 보니 80%가 빚이었다. 이런 투자자의 상당수가 금리 상승과 공실이 겹치면서 손실을 보고 있다.

공투에 참여한 사람들 사이에서도 버틸 수 있는 한계는 저마다 달랐다. 3개월을 버티는 투자자가 있는가 하면 6개월을 버티다 나가떨어지는 이도 있다. 1년 혹은 그 이상 버티는 사람도 있지만, 시간이 지날수록 더 많은 사람이 한계에 부딪히면서 여기저기 잡음이 발생하고 있다.

이런 식의 투자는 모험을 넘어 투기, 도박에 가깝다. 도박은 중독되기 쉬우며, 계속 이런 투자가 반복될수록 합리적인 투자 판단은 불가능해진다. 가끔 언론에 소개되는 연예인이나 유명인의 건물 투자 기사도 일반인을 현혹한다. 성공 사례뿐만 아니라 실패 사례도 소개되는데, 최근 가로수길 건물에 투자했다가 실패한 연예인 K도 그중 한 명이다. 하지만 연예인들이 건물에 투자해서 수십억 원을 손해 본다고 한들 그들은 큰 타격을 받지 않는다. 수입 규모가 워낙 크기 때문이다. 하지만 일반인은 그렇지 않다. 영끌로 무리하게 건물에 투자했다가 자신의 전 재산을 까먹는 상황이 발생할 수 있다.

'어깨 뽕'과 하이에나를 조심하라

젊은 영끌 투자자가 건물을 사면 조심해야 할 것이 있다. 바로 외부의 '하이에나'들이다. 건물주라는 사실이 알려지면 온갖 사람들이 몰려든다. 그들은 친절을 가장한 채 "이 투자가 괜찮다", "저 사업 한번 해보라"라는 유혹을 끝도 없이 해댄다.

　사람들은 부를 과시하고 싶은 욕망에 쉽게 휘둘린다. 주변을 봐도 그렇다. 논현동 루프톱을 빌려 파티를 열고, 허세 섞인 모임을 쫓아다니며 인맥을 쌓는다. 네트워크를 만들겠다는 목적이지만 실상은 허영의 장에 가깝다. 그런 자리에서 하이에나처럼 들끓는 사람들은 비즈니스를 성사시키겠다며 접근한다. 물론 실제로 성과를 낼 수도 있지만, 대부분은 과도한 지출과 무리한 모험으로 속이 곪아간다.

　강남의 고가 아파트에 살면서 영끌로 건물을 매입한 젊은 투자자가 있었다. 시세에 비해 합리적인 가격에 건물을 매입해 투자 초기에는 성공한 듯 보였다. 문제는 운영이었다. 그는 건물주가 되었다는 자신감으로 어깨에 힘이 들어가기 시작했다. 자존감은 높아졌지만 건물을 운영해본 경험이 전혀 없으니 무리한 결정이 이어졌다. 시장이 안 좋아지고 금리가 오르면서 감당해야 할 이자가 눈덩이처럼 불어났다. 건물 운영도, 본인 사업도 뜻대로 풀리지 않았다. 결국 아파트를 담보로 추가 대출을 받아 건물 이자를 감당했다. 그러다 대출을 더 많이 해주는 은행으로 갈아타면서 고금리의 악순환에 빠졌다.

　그러는 사이 하나둘 하이에나들이 달라붙었다. 건물 관리와 운영 관련 컨설팅을 해주겠다며 도와주는 척했지만, 결과적으로 비용 지출이 더 늘어나면서 상황이 악화했다. 이런 식의 악순환이 계속되자 '10~20억 원 손해는 감수하겠다'라며 건물 매각을 시도했다. 하지만 시장은 이미 차갑게 식어 있었다. 그는 40억 원까지 손해 볼 수밖에 없었고, 하나 남은 아파트마저도 은행 대출로 날릴 위기에 처했다. 그의 건물 투자기는 겉보기에는 그럴듯해 보일 수 있지만, 실상은 모두 빚으로 쌓아 올린 구조였다.

요즘은 유튜브만 켜면 각종 투자 영상이 쏟아지고, SNS에서는 혹할 만한 정보가 넘쳐난다. 문제는 정보가 너무 많아 진짜로 자신에게 필요한 정보가 무엇인지 가려내지 못한다는 점이다. 자기 생각과 판단력이 부족하다 보니 옆에서 누가 뭐라고 제안하면 쉽게 흔들린다. 결국 투자보다는 투기를 택한다. 진짜 중요한 것은 '내가 판단할 수 있는 능력'이다.

70~80대는 투자를 잘 못하는 대신 장점이 하나 있다. 그들은 쉽게 망하지 않는다. 남의 말을 믿지 않기 때문이다. '아무것도 하지 않으니 잃지도 않는다'라고 할 수 있겠지만, 적어도 남의 말에 휘둘려서 망하는 위험은 줄일 수 있다. 하지만 자산을 일구고 지키는 부모 세대와 달리 물려받은 자녀 세대는 쉽게 까먹는다. '부자가 3대를 못 간다'라는 속담이 허투루 들리지 않는다.

지금은 격변기다. 혼란한 시기일수록 공격적인 모험을 감행하기보다 안정적인 투자, 위험을 관리하면서 꾸준히 성과를 낼 수 있는 투자 방법을 찾아야 할 때다.

투기 상권 쫓지 마라

부동산 시장은 때때로 자본의 논리에 따라 인위적으로 만들어진다. 겉으로는 부동산 개발처럼 보이지만, 실제로는 철저히 자본 시장의 논리대로 움직이는 '그들만의 판'이다. 대자본 그룹은 움직일 수 있는 자본의 규모가 크기 때문에 시장을 단기간 내에 인위적으로 살아 움직이게 만들며, 적당한 시점이 되면 슬그머니 빠져나간다. 1~2년 사이에 차익을 실현하고 사라지면 결국 덤터기를 쓰는 것은 평범한 투자자들이다.

서울 요지에 하이엔드 오피스텔 건설 현장이 하나 있다. 이곳은 과거 강남 금싸라기 땅을 다수 소유했던 자산가가 대기업 자본을 끌어들여 개발 중이다. 거대 자본은 마케팅과 홍보에 공을 들인다. 이곳 역시 고급 오피스텔뿐만 아니라 호텔 등 대규모 복합시설이 들어온다고 대대적으로 홍보해 투자자를 끌어모았다. 투자 규모가 1조 원 수준이라면, 1,000명의 투자자만 끌어모아도 1인당 투자 금액이 100억 원 규모로 분산된다. 자본가 그룹은 만에 하나 손실이 발생했을 때 감당해야 할 손해를 잘게 쪼개 위험을 분산시킨다.

마곡은 한때 부동산 투자자들의 높은 관심을 받았던 곳이다. 대규모 투자 그룹이 들어와 복합시설을 만들어 상권을 활성화하고 있지만, 들여다보면 철저히 자본가 그룹이 만들어낸 상권이라는 것을 알 수 있다. 마곡의 대형 복합시설에 국내 최대 자산운용사 중 하나인 이지스자산운용이 참여한 것으로 알려졌다. 문제는 그 뒤에 국민연금이 연결되어 있다는 것이다.

국민연금은 수백조 원을 굴리며 국민의 노후 자금을 책임진다. 만약 이지스자산운용이 흔들리면 국민연금이 손실을 보고, 이는 곧바로 국민에게 피해를 준다. 결국 누군가 시장에 개입할 수밖에 없다. 필요하다면 압력을 넣어서라도 대기업과 계열사를 참여시켜 시장을 유지하는 것이다. 실제로 대형 마트나 서점, 푸드 코트 등 유명 대기업 계열사가 입점해 화제성을 키우고, 상권을 만들어내고 있다. 하지만 상권이 앞으로도 계속 유지될지는 미지수다.

대자본이 만들어낸 허상에 속지 마라

강남에서도 비슷한 사례를 찾아볼 수 있다. 이지스자산운용이 강남역 인근 건물을 평당 7억 원에 매입한 후 신축 빌딩으로 개발해 현재 매각을 추진 중이다. 평당 10억 원에 매각한다는 뉴스가 있었는데, 언뜻 보면 대박 투자 같지만, 실상은 누군가 비싸게 사줘야 하는 상황이다. 망하게 놔둘 수는 없기 때문이다. 결국 미국이나 싱가포르에서 유입되는 외국 자본이나 국내 대기업 자본 등 시간 싸움에서 버틸 수 있는 큰손이 들어올 수밖에 없다. 대자본은 5년 정도 수익이 나지 않아도 버틸 수 있다. 그 후 다시 5년간 5~7% 정도 수익률이 만들어지면 평균 10년간 2%의 수익률을 확보할 수 있다.

이 와중에 자본력이 부족한 일반 투자자가 들어오면 버티기 힘들다. 처음에는 유명 브랜드가 입점한다는 소식에 혹해서 상가 분양을 받는다. 얼핏 상권이 활기를 띠는 것처럼 보이지만, 몇 년 후 대기업이 철수한다. 대기업이 빠져나간 자리에는 그 이상의 파워 브랜드가 들어오기 힘들기 때문에 상권이 차츰 약화된다. 결국 남는 것은 일반 투자자의 손실이다.

결국 일반인이 이런 투기 상권에 들어가면 피해자가 될 수밖에 없다. 대기업은 빠져나갈 수 있는 힘과 선택권이 있지만, 일반인은 투자금 대부분이 묶이게 되면서 무너지는 상권을 떠안아야 한다. 그래서 대기업 이름만 보고 뛰어드는 상권이야말로 진짜 위험한 투자처가 될 수 있다.

휘발성 높은 지자체 정책

지자체 정책도 탐욕 상권에 영향을 준다. 지자체가 해당 지역의 상권을 살리기 위해 세금을 투입하거나 정책적 지원을 아끼지 않는 사례가 많다. 거리 축제, 바자회, 특화 거리 조성 등 문화 행사를 벌이고, 도로 확장이나 쉼터 조성 등 시설 투자도 아낌없이 지원한다. 문제는 이런 정책 지원이 지속적이지 않다는 것이다. 보통은 선거를 앞둔 1~2년간 집중적으로 진행되다가 선거가 끝나면 예산 부족 등을 이유로 지원을 중단하는 사례가 생긴다. 상권은 일시적으로 활기가 돌지만, 지원이 끝나면 빠르게 식는다. 그사이 이익을 누린 투기 세력은 자본금을 회수해 빠져나간다. 경리단길과 가로수길 등은 이런 사례의 전형으로 꼽힌다.

가로수길은 애플 매장이 20년 치 임대료 600억 원을 선납하고 들어오면서 핫플레이스로 정점을 찍었다. 이후 애플 효과는 가로수길에 악영향을 미쳤다. 애플 매장이 올려놓은 높은 임대료를 감당하지 못한 임차인들이 서서히 빠져나가면서 상권이 급속도로 무너져버렸기 때문이다. 당시 가로수길 인기가 정점을 찍을 때 들어간 투자자들은 상투를 잡았고, 몇몇 일반 투자자는 손실을 감수하면서 자신을 매각 처리해야 했다.

성수동도 비슷한 과정을 겪고 있다. 지금 성수동에 투자한 사람 중 상당수는 임대 수익을 내지 못한다. 현재 성수동 상업용 건물은 1~2층 정도만 임대가 나가고, 그 위층은 주거나 업무 시설로 활용되지 못한다. 성수동이라는 지역 특성상 핸디캡이 많기 때문이다. 주말마다 인파가 몰려와 소음과 혼잡이 심하니 거주하려는 사람이 거의 없고, 주차가 복잡하고 접근성이 떨어지기 때문에 업무 시설로 활용하려는 업체도 많지 않다. 결국 임대 수익이 떨어질 수밖에 없는 상황이다.

무신사처럼 외부 투자금을 받아 움직이는 기업은 오프라인 매장을 열어 성수동 상권을 지속시키는 데 도움을 줄 수 있으나, 버틸 수 있는 기간은 한정적이다. 이런 업체 또한 경기가 나빠지거나 유행이 바뀌면 투자를 철회할 수 있다.

과거에는 핫플레이스라는 소문이 돌면 그 영향력이 5년 정도 지속되었지만, 이제는 길게는 2~3년, 짧게는 1~2년 안에 끝난다. 개인 투자자가 빠르게 바뀌는 트렌드를 좇으며 민첩하게 대응하기란 쉽지 않다. 결국 대기업과 투기 세력이 빠져나가면 공실과 손실이 남는다.

근생 건물
투자 환경이 변했다

2022년 상반기와 하반기는 투자 온도 차이가 극명했다. 2021년 부동산 시장이 뜨거워지면서 사람들은 2022년 상반기에도 상승세가 이어질 것으로 전망했다. 팬데믹이 끝나가는 상황에서 오프라인 상권이 회복되리라 믿었기 때문이다. 하지만 현실은 예상과 달랐다. 오프라인 상권은 회복되지 않았고, 이를 지켜본 시장 참여자들은 실망할 수밖에 없었다.

이때 등장한 현상 중 하나가 각종 수익형 부동산의 분양 열풍이었다. 2021~2022년 사이 지식산업센터, 생활형 숙박시설, 도시형 생활주택 등이 앞다퉈 개발되었다. 이유가 있었다. 문재인 정부 시절 주택담보 대출 규제와 세금 규제가 강화되면서 건설 회사들이 살아남기 위한 자구책을 꾀한 것이다. 세금과 대출 규제에서 벗어날 수 있는 우회 상품을 만들었고, 그 결과 하이엔드 오피스텔을 비롯한 다양한 수익형 부동산 상품이 분양되었다.

근생 건물 역시 이 기간에 주목받았다. 당시 다가구주택과 다세대주택은 강력해진 세금과 대출 규제로 탈출구가 필요했다. 마침 팬데믹이 끝나가는 상황에서 오프라인 상권이 활성화될 것이라는 기대감이 충만했다. 빌라를 허물고 근생 건물을 지으면 세금과 대출 규제에서 자유로울 뿐만 아니라 수익성 높은 건물로 바뀔 것이라고 여겼다. 강남 일부 지역에서는 스타트업이나 벤처기업, 연예 기획사가 들어올 것을 기대하면서 멀쩡히 사용하던 주택을 철거하고 근생 건물로 바꾸는 사례가 속출했다.

여기에 더해 공유 경제 붐도 일어났다. 코로나로 인해 불확실성이 커지자 공유 오피스, 공유 주방, 공유 창고, 심지어 공유 미용실까지 등장했다. 해외에서는 에어비앤비가 확산하기 시작했고, 국내에서는 우버와 같은 공유 택시 서비스가 시도되었지만, 기존 택시 업계의 반발로 실패한 사례도 나왔다. 어쨌든 당시에는 공유 경제가 전반적으로 큰 유행이었고, 이를 바탕으로 새로운 부동산 상품들이 대거 출시되었다. 이처럼 당시 부동산 시장은 저금리 기조와 풍부한 유동성이 맞물리면서 근생 건물을 비롯한 다양한 상품이 만들어졌고, 사람들은 부동산 활황기라고 믿고 이런 상품에 열심히 투자했다.

애물단지로 변한 근생 건물

하지만 시간이 지나면서 투자 환경이 나빠졌다. 팬데믹 여파로 산업 구조와 트렌드가 바뀌고, 경기가 하락했으며, 가계 대출 규제도 강화되었다. 문제는 이미 지어진 근생 건물이었다. 수익률이 나지 않는 데다 매물이 쌓

여서 오도 가도 못하는 상황에 빠졌다. 다시 주택으로 바꿔 공실을 메우려고 계획해보지만 이마저도 쉽지 않다. 현재 주택을 근생 건물로 바꾸는 것은 가능하지만, 근생 건물을 다시 주택으로 되돌리는 것은 까다로운 법 규제 때문에 사실상 불가능하다.

우리나라 건축법 체계에서 주택은 가장 까다로운 규제를 받는다. 주차장, 정화조, 소방시설 등 대부분의 관련 규정이 근생 건물보다 훨씬 강력하다. 최근 문제가 많은 생활형 숙박시설을 오피스텔로 쉽게 전환하지 못하는 이유가 여기에 있다.

예를 들어, 오피스텔은 복도 폭이 1.8m는 되어야 한다. 복도 양쪽으로 문이 열려야 하므로 충분한 폭을 확보하라는 의미인데, 생활형 숙박 시설은 1.5m밖에 되지 않는다. 복도 폭을 넓힐 수 없는 구조라면 오피스텔 전환이 어려울 수밖에 없다. 주차장 관련 규정도 다르다. 오피스텔은 일정 면적 이상일 경우 한 세대당 한 대의 주차 공간을 필수적으로 확보해야 한다. 생활형 숙박시설은 세대당 0.5대만 충족하면 된다. 건물이 완공된 후 부족한 주차장을 나중에 확보하기란 쉽지 않다. 소방법도 마찬가지다. 오피스텔은 세대별로 1.8m 간격마다 스프링클러를 설치해야 하는 반면, 생활형 숙박시설은 한 세대당 스프링클러 하나만 설치하면 된다. 이런 세세한 법규 차이로 근생 건물을 주택으로 바꾸기가 쉽지 않다.

근생 건물의 활용성에도 비상이 걸렸다. 당시에는 주택을 근생으로 바꿔놓으면 기획사나 벤처기업, 연예 기획사, 학원 등의 임차 수요가 있을 것이라고 기대했지만 지금은 경기 침체로 수요가 거의 없다. 들어올 임차인이 없으니 공실이 발생하고, 그렇다고 다시 주택으로 되돌릴 수도 없다. 만에 하나 가까스로 규제를 피해 근생 건물 1, 2층을 상업용 시설로 임차하고 위층을 주거 공간으로 임차한다고 가정해보자. 이러면 주택 수에 포함되기 때문에 다시 세금 문제가 불거진다. 근생 건물로 바꾼 이유 중 하나가 주택에 부과되는 세금 규제를 피하기 위한 방편인데, 다시 주택으로 돌리면 세금 폭탄이 기다리고 있다.

지식산업센터도 사정은 다르지 않다. 당시에는 대출이 90%까지 지원되었고, 수익률 5%가 가능한 상품으로 대대적인 홍보가 이뤄졌다. 하지만 지금은 대출 비율이 50% 이하로 줄었고, 공실이 증가하면서 수익은커녕 원리금 상환과 관리비 부담에 시달리는 상황이다. 심지어 생활형 숙박시설은 사업자로 숙박업 등록을 해야 한다. 이러면 세무 기장 비용이 발생한다. 또한 운영을 직접 할 수는 없으니 운영사 비용은 따로 줘야 한다. 이런 상황을 잘 모르는 투자자는 5% 수익률이라는 말에 현혹되어 투자에 나섰다가 많은 어려움을 겪고 있다.

옥석 가린 투자만이 살길!

근생 건물 투자 환경이 과거와 다른 양상을 보이고 있지만, 살아날 방도가 없는 것은 아니다. 경기 흐름이 어떤 방향으로 움직일지 살펴보고, 바뀐 산업 구조 안에서 새로운 생존 법을 모색해야 한다. 시장은 이미 자본 싸움으로 전환되고 있으며, 결국 자본력이 충분한 투자자만이 버틸 수 있다.

강남 이면 도로 안쪽에 자리 잡은 근생 건물은 생존이 쉽지 않아 보인다. 원래 다가구주택과 다세대주택이 있던 자리로, 사무실 수요를 예상하며 근생으로 바꿨지만, 실제로 가서 살펴보면 근생 수요가 생길 만한 입지가 아니다. 테헤란로처럼 오피스 수요가 집중된 대로변도 공실이 생기는데, 하물며 역세권에서 떨어져 이면 도로 깊숙이 들어가 있는 근생 건물에 입주할 이유가 없다. 여기에 공급 이슈도 있다. 2022년 이후 건물을 매입한 투자자들이 현재까지 계속 신축을 진행하고 있다. 앞으로도 공급은 늘어날 것이다.

그렇다고 해서 근생 건물 투자 가능성이 완전히 사라진 것은 아니다. 중요한 것은 입지와 가격 경쟁력이다. 지금도 입지적으로 우수한 근생 건물은 여전히 투자 가치가 높다. 또한 가격 면에서 메리트가 있는 건물이라면 충분히 매력적이다. 흔히 아파트 시장에서 '똘똘한 한 채'를 강조하는 것처럼, 건물 투자 시장에서도 입지가 뛰어나고 희소성 있는 똘똘한 건물은 투자할 만하다.

결론적으로, 근생 건물은 아무거나 사도 오르던 시대는 끝났다. 현재는 악재가 더 많은 시장으로 바뀌었다. 그럼에도 불구하고 옥석을 가려 선별적으로 투자하면 충분히 기회를 잡을 수 있다. 당분간 버티면서 차별화된 입지와 가격 경쟁력을 갖춘 근생 건물을 찾아내 선별적으로 투자하는 방법을 모색할 때다.

<Insight>

인구가 유입되는 곳에 투자하라!

부동산 시장은 공부하면 할수록 고려해야 할 변수가 많고, 복합적으로 작용한다는 사실을 알게 된다. 그럼에도 불구하고 한 가지 분명한 방향성은 존재한다. 바로, '인구가 유입되는 쪽'에 투자해야 한다는 것이다.

인구가 유입될 수 있는 첫 번째 조건은 단연 '개발'이다. 개발이 진행되거나 예정된 지역은 실제 변화 가능성을 품고 있다. 성수동이 대표적인 사례다. 성수동은 단순히 핫하다는 이유를 넘어 지역 전체가 개발 호재를 등에 업고 있었기 때문에 사람들이 모여들었고, 투자가 이뤄졌고, 자산 가치 상승으로 이어졌다.

강남도 이미 완성형 도시지만, 끊임없이 개발이 진행 중이다. 계속해서 지하철 노선이 생기고 더 많은 버스가 강남을 경유해 간다. 낡은 빌라나 빌딩은 순식간에 새 빌딩으로 탈바꿈한다. 50년 전에 조성된 도시임에도 개발의 한복판에 항상 존재하면서 현재의 차별성을 유지한다.

개발 다음으로 중요한 것이 심리적 요인이다. 사람들이 '그곳에 가고 싶다'라는 마음이 들어야 한다. 신축 아파트가 들어선 곳, 쇼핑하고 외식하기 좋은 곳, 출퇴근이 편리한 곳, 문화생활을 충분히 즐길 수 있는 곳

등 우리 생활과 가장 밀접한 요소들이 매력적으로 어필하는 지역이 계속해서 사람들을 끌어당긴다. 강남이 단순히 교통이 좋아서, 입지가 탁월해서 사람들이 몰리는 것이 아니다. 이곳에서 할 수 있고 누릴 수 있는 것들이 매력적이라고 여기기 때문에 힘을 갖는다.

인간은 합리적인 판단을 하는 동시에 감정적인 선택도 한다. 부동산은 물질적 조건뿐만 아니라 인간 심리의 요인까지 아우를 수 있어야 한다.

PART 5

살아남는 투자자의
성공 시나리오

30억 원 미만 투자자,
무조건 수익성 높은 곳을 찾아라

꼬마빌딩 불장이 사그라지면서 초기 투자금의 규모 자체가 변하고 있다. 불과 2~3년 전까지만 해도 자기 자본금 20~30억 원이면 시세 100억 원 건물을 매입할 수 있었지만, 지금은 쉽지 않다.

과거 강남 아파트 2~3채를 보유한 다주택자가 보유세를 줄이기 위해 기존 주택을 매도한 후 꼬마빌딩 시장에 대거 진입하던 때가 있었다. 주택 관련 세금 부담이 커지면서 새로운 투자처를 찾아 움직인 것이다. 주택 시장은 LTV와 DTI 등 규제가 강화되면서 대출이 50% 정도로 제한되고 있었다. 하지만 상업용 부동산은 70~80%, 많게는 90%까지 대출을 받을 수 있었다. 당시 상업용 부동산 시장은 레버리지 효과를 극대화할 수 있는 최고의 투자처였고, 20~30억 원 투자금을 바탕으로 은행 차입금을 극대화해 100억 원대 건물을 살 수 있었다.

2년여의 시간이 흐른 지금은 자기 자본금 20~30억 원으로 건물 투자하기가 어려워졌다. 몇 가지 이유가 있다. 우선 은행 대출 환경이 변했다. 경기 하강과 상업용 부동산 시장의 불확실성, 공실 리스크가 증가하면서 건물을 살 때 대출받을 수 있는 한도가 줄었다. 건물 수익률 지표인 캡레이트가 과거 7~8%에서 현재 4~5%대로 떨어지면서 상업용 부동산 투자 매력이 예전만 못한 것도 영향을 미쳤다.

이런 시장에서는 20~30억 원 규모의 자본금으로 건물 시장에 진입하려는 투자자들이 특히 어려움을 겪는다. 투자할 수 있는 건물이 상당히 제한적이기 때문이다. 일반적으로 50~60% 수준의 레버리지를 쓴다고 가정할 때, 현재 60~70억 원대 건물 매입이 가능하다. 하지만 지금 60~70억 원대 건물 규모는 과거 60~70억 원 건물과 많이 다르다. 땅값이 치솟으면서 대지 면적과 임대 면적이 과거에 비해 훨씬 작아졌다. 건물 규모 자체가 쪼그라든 것이다.

결국 소액 투자자들은 대로변, 역세권 상업지, 핵심 상권 등 입지 조건이 좋은 물건에 접근하기가 더더욱 어려워졌다. 자본 규모가 작으니 이면도로 안쪽, 작은 임대 면적 등 소형 건물로 밀려나고 있는데, 이는 곧 상업용 부동산 시장의 양극화가 심각해지는 원인으로 작용한다. 아파트처럼 특정 지역만 오르고 나머지는 정체되는 것처럼, 건물 시장도 오르는 곳만 오르고 정체된 곳은 계속 정체되기 때문이다. 소형 건물에 투자하면 예전처럼 자산 상승 기회를 포착하기 어렵다. 또한 건물을 임대할 때 한계가 많아 감당해야 할 리크스는 더 많아졌다.

건물 투자 초격차 시대 생존법

지금 건물 시장은 한마디로 '초격차' 시대다. 언뜻 보기에는 같은 지역 안의 비슷한 컨디션을 지닌 건물도 자세히 들여다보면 가격 차이가 상당히 크다. 예전에는 대로변 건물과 바로 옆에 위치한 건물의 가격 차이가 크지 않았다. 많아봤자 평당 20% 정도로, 대로변 건물이 평당 1억 원이면 이면에 위치한 건물은 7,000~8,000만 원 수준이었다. 하지만 지금은 그 격차가 더 커지고 있으며, 많게는 50% 이상 벌어지기도 한다.

주택 시장과 마찬가지로, 상업용 부동산도 오르는 곳만 오르는 구조가 자리 잡고 있다. 과거에는 격차가 없던 지역에서조차 가격 차이가 발생한다. 강남구 청담동이나 압구정 로데오, 도산대로 등 대로변 인근의 건물은 가격이 크게 오르지만, 이면 도로 안쪽 건물은 가격이 정체 상태에 머물러 있다. 가격이 내려가지는 않고 제자리걸음 하는 상황인데, 앞쪽 대로변 건물 가격이 치솟고 있는 상황과 비교하면 앞으로 가격 격차는 계속 벌어질 수밖에 없다. 하지만 사람들은 이를 잘 눈치채지 못한다. 건물 가격 상승률 등 관련 통계가 해당 지역의 모든 빌딩을 대상으로 조사해 평균을 내놓기 때문이다. 진짜 내용을 알 리 없는 사람들에게는 모든 건물이 다 상승한 것처럼 보인다. 실제로는 중요 지역에 있는 일부 건물만 가격이 오른 것이다.

이런 양극화 현상은 특히 서울 안에서 뚜렷하다. 최근 서울 상업용 부동산의 공시지가 상승률을 보면 전국 평균 4% 수준이지만, 일부 지역은 2%에 그쳤다. 금천구, 구로구 등은 평균 상승률에 미치지 못하지만, 강남 핵심지는 평균을 훨씬 웃돌았다. 이처럼 지역별·입지별 가격 차이가 점점 더 심하게 벌어지고 있으며, 핵심지 안에서도 간극이 계속 커지고 있다.

건물 초격차 격전지인 강남만 놓고 보면, 과거 꼬마빌딩 열풍이 불 때는 20억 원대 자본으로도 수익성 높은 건물 투자가 가능했다. 하지만 지금은 50억 원, 100억 원 이상의 자본을 가진 자산가와 기업에 밀리는 상황이다. 대규모 자본을 앞세운 투자자들은 핵심지 대로변 앞자리에 있는 사이즈 큰 건물에 주로 투자하고 있다. 사실 꼬마빌딩 투자 열풍이 불기 전까지만 해도 상업용 부동산 시장은 자본금이 많은 자산가 위주의 투자처였다. 그러다 2018년 이후 잠깐 꼬마빌딩 열풍이 불면서 20~30억 원대의 소액 자본가들이 건물 시장에 진입할 수 있었다. 긴 흐름에서 살펴보면 당시의 상황이 예외적인 투자 시기였을 수 있다. 현재 건물 시장은 자산 규모가 큰 투자자에게 유리하게 돌아가고 있다.

이렇게 된 이유는 수익성 때문이다. 평당 4,000만 원 하던 대로변 안쪽 건물 가격이 7,000~8,000만 원까지 올랐고, 대치동은 2018년 평당 2,300~2,500만 원 하던 곳이 8,000만 원~1억 원으로 상승했다. 건물 가격이 치솟자 덩달아 세금 등 비용이 커졌는데, 임대료 수익은 이를 따라오지 못해 건물 투자 수익률이 계속해서 하락 중이다. 가격은 오르는데 임대료 수익은 떨어지는 기형적인 상황에서는 자본금이 적은 투자자에게 좋은 기회가 오기 힘들다.

수익성 높은 곳이 핵심이다!

그럼에도 불구하고 소액으로 건물에 투자하고 싶은 사람도 분명 존재한다. 자본금이 충분하지 않아도 주택 투자보다 안정적인 수익처가 필요한 사람이라면 50~70억 원짜리 소형 건물이라도 투자해야 한다. 이 경우, 시세 차익형 모델보다는 수익형 모델을 찾는 것이 핵심이다.

수익형 모델은 땅값이 오르는 정도가 전체 시장 평균보다 낮지만, 임대 수익률은 상대적으로 높은 곳에서 찾아볼 수 있다. 대표적인 지역이 금천구와 구로구다. 특히 독산역과 구로역 인근은 유동 인구가 무척 많다. 이런 지역들은 상대적으로 땅값이 낮지만, 임대료는 다른 지역 대비 70~80% 수준이다. 이러면 임대 수익률 5~6%를 확보할 수 있다. 지가 상승률은 낮지만, 임대 수익률이 이를 커버하고도 남기 때문에 투자할 만한 건물이 되는 것이다.

하지만 여전히 많은 사람들이 건물에 투자할 때 주택처럼 사고팔기를 계속하면서 자산을 늘리는 방식을 선호하고 있다. 건물도 '상급지'에 올인한 후 계속 옮겨 다니는 것이 유리하다고 믿는 것이다. 강남 건물에 투자하고 싶은 사람이 많은 이유이기도 하다. 여기에는 지가 상승에 대한 기대감뿐만 아니라 강남 빌딩주가 되고 싶다는 열망도 숨어 있다. 강남 빌딩을 사서 성공했다는 인정을 받고 싶은 것인데, 막상 사서 들고 있으면 낭패를 겪는다. 돈이 되지 않는 지역도 많기 때문이다.

많은 사람들이 건물을 사면 그것으로 끝인 줄 알지만, 돈은 계속해서 들어간다. 레버리지를 많이 쓰면 대출 이자 비용이 많이 들고, 시기별로 재산세 등 각종 세금도 내야 한다. 건물은 감가상각 되기 때문에 관리비도 만만치 않다. 문제는, 임대료가 잘 오르지 않는다는 것이다. 이는 투자자에게 현금 리스크를 발생시킨다. 지금 소형 빌딩은 시세가 많이 오르지 않기 때문에 팔아도 양도세를 내면 손에 쥐는 게 별로 없다. 차라리 투자금을 은행에 넣어뒀더라면 훨씬 나았을 수도 있다. 그래서 건물 투자자는 항상 수익률을 염두에 둬야 한다. 무조건 수익률에 집중해야 이런 낭패를 겪지 않는다.

수익형 건물이 많은 곳을 찾아라

지금 건물 투자는 시세 차익형보다 수익형에 집중해야 하는 시기다. 그러므로 상업용 부동산 투자자라면 '수익이 발생하는 입지'를 최우선 가치로 삼아야 한다. 이는 2018년 이전에 통용되던 건물 투자의 대원칙이었는데, 다시 그때로 돌아간 것이라고 볼 수 있다. 특히 소액 투자자일수록 임대 수익이 담보되지 않는 건물은 매력이 없으므로 입지와 수익률 등을 꼼꼼하게 따져야 한다.

대표적인 입지가 영등포다. 영등포는 여의도와 묶어서 살펴봐야 한다. 여의도는 글로벌 금융 중심지로의 개발 가능성이 크다. 하지만 여의도에 은행과 증권사, 투자 업체 등이 많이 몰리면 섬이라는 한정된 면적 자체로 인해 수용성이 떨어진다. 인근 지역으로 확장이 불가피하다고 볼 때 가장 가까운 곳이 영등포다. 영등포구청역과 영등포시장역에서 여의도까지는

5분 정도 걸린다. 심지어 대방역은 여의도에서 걸어서 오고 간다. 미국 맨해튼 중심지가 커질 때 그 주변 지역이 함께 성장한 것처럼, 영등포도 여의도 배후 지역으로 함께 성장할 가능성이 크다.

영등포는 상대적으로 저평가되어 있다. 마곡 지구를 서울 서부권 중심지로 키운다고는 하지만, 아직 한계가 많다. 이미 서부권역에서 영등포는 핵심 상권으로 기능하고 있다. 영등포는 상대적으로 땅값이 저렴하고 유동 인구가 풍부하며, 준공업지역 특성도 가지고 있다. 어떤 면에서는 성수동보다 훨씬 더 매력적으로 보인다. 소액 건물 투자자라면 이곳에서 안정적인 임대 수익이 나오는 건물을 선점한 후, 시간을 두고 버티는 것도 좋은 선택지가 될 수 있다. 투자 금액이 작을수록 이런 수익형 모델을 찾는 것이 관건이다.

홍대나 마포는 추천하기 어렵다. 임대 수익은 높은 반면 땅값이 영등포 대비 두 배 이상 비싸다. 이런 곳에 투자하는 것은 사실상 투기에 가까워 보인다. 성장 여력이 무척 제한적이기 때문이다. 홍대는 2000년대 초반과 사드 사태가 터지기 전에 중국 자본이 몰려와 건물을 매입하면서 지가가 폭등했다. 반면 지금의 경제 상황과 사회 구조를 봤을 때 이런 성장세가 다시 시작될지는 미지수다.

젊은 세대의 소비 패턴도 변하고 있다. 예전처럼 술 마시고 노래방에 가는 등 유흥을 즐기는 문화가 아니다. 오히려 볼거리가 많은 팝업 스토어나 재미있는 경험을 할 수 있는 이벤트 장소를 찾아다닌다. 이런 문화가 확산되면서 홍대나 마포의 투자 매력이 계속해서 줄고 있다.

강동구가 여전히 매력적인 이유

서울 중심부는 1960~1970년대 개발이 시작되어 두 세대를 거쳐왔다. 2030년을 앞둔 현재, 다시 한번 서울의 전면적인 재개발과 재건축, 도심 복합 개발이 불가피해 보인다. 물론 대규모 개발 계획을 추진하는 데는 여러 제약조건이 따른다. 개발이 진행되기까지 시간도 무척 오래 걸릴 것이다. 그러니 서울 개발의 중간 단계를 이어줄 수 있는 대안 지역이 필요하다.

처음에는 서울 서남권에서 마곡이 대안지로 주목받았으나 김포공항이라는 물리적 한계 때문에 확장성이 막혀버렸다. 서울 동남권도 상황은 비슷하다. 성남공항 부지를 개발해 분당급 규모의 신도시를 공급한다면 파급력은 상당히 클 것이다. 지리적으로 서울과 인접하고 수서와 연결되는 핵심 입지이기 때문이다. 그러나 관련 개발 계획이 본격화하기 전까지는 변수가 많고, 시간도 오래 걸린다. 이때 서울 동남권의 거점지역으로 강동구가 그 역할을 대신할 수 있다.

강동구가 특히 주목받는 이유는 교통 인프라다. 강동구에는 강남 못지않은 촘촘한 지하철망이 구축되어 있다. 앞으로 개발될 노선까지 감안하면 강동구 안에는 블록별로 지하철역이 위치할 것이다. 이는 거주 편의성과 이 지역에 대한 접근성을 동시에 높인다. 지하철뿐만 아니라 중부고속도로, 중앙고속도로, 서울-세종 간 고속도로, 외곽 순환 고속도로 등 주요 광역 도로망이 강동을 관통하거나 가까운 거리에 인접해 있다. 이처럼 다양하고 편리한 교통 체계는 살기 편리하다는 장점뿐만 아니라 물류와 산업시설과의 연결성을 높여 경제적으로 큰 시너지 효과를 만들 수 있다. 서울의 미래 지형을 상상했을 때 동남권에서 강동만큼 확장성이 큰 곳은 찾기 어렵다.

강동구를 주목해야 하는 또 하나의 이유는 땅이다. 서울 중심부는 오래전부터 개발이 진행되면서 남아 있는 땅이 거의 없다. 박원순 시장 시절, 용산 공원에 공공주택을 짓겠다고 발표했을 때 세간의 거센 반발이 있었는데, 이는 서울 안에 그만큼 땅이 부족하다는 의미이기도 하다. 그나마 개발할 만한 곳이 여의도 국회의사당 부지를 비롯해 삼성동 국립의료원 부지, 성남공항 부지, 수서 복합 개발지, 용산과 여의도 정도다. 용산 개발도 정치 환경에 따라 언제든 좌초될 위험성을 안고 있다.

이런 상황에서 강동구가 주목받는 이유는 상대적으로 넓은 땅을 보유하고 있기 때문이다. 지도를 살펴보면 강동구 천호동, 길동 일대 너머 주변 부지가 모두 빈 땅이라는 것을 알 수 있다. 또 그 아래 지역이 감일감북지구인데, 그 뒤로도 땅이 드넓게 펼쳐져 있다. 가까이에 있는 하남유통산업단지 개발과 교산 신도시 개발과 묶어서 살펴보면 다양한 교통망과 연결되는 것을 쉽게 확인할 수 있다. 서울-세종 간 고속도로, 중부고속도로 등을 이용하면 남쪽으로는 천안까지 갈 수 있고, 위쪽으로는 서울-춘천 간 고속도로와 양양 고속도로 연결되면서 강원도까지 빠르게 이어진다.

이처럼, 강동은 교통망과 산업 인프라가 갖춰질 지역임에도 여전히 저밀도 토지가 많이 남아 있다. 실제 현장을 찾아가서 살펴보면 대로변에 곳곳에 아직도 비닐하우스가 있을 정도다. 앞으로 지하철역 개통, 신도시 개발, 광역 교통망 확충이 이어지면 이 땅들은 결국 상업 시설과 주거지로 개발될 가능성이 크다. 강동구는 서울의 땅 부족 문제 속에서 드물게 확장성을 지닌, 가장 매력적인 상업용 부동산 투자처 중 한 곳이라고 볼 수 있다.

광진구 투자 포인트는 구의역, 건대입구(화양동)

광진구에서는 구의역 일대를 눈여겨봐야 한다. 2호선 강변역에서 성수, 뚝섬역 등이 지하화되면 이 구간을 중심으로 건물 투자 기회가 생길 수 있다.

건대입구역과 구의역은 주목해서 봐야 하는 지역인데, 특히 건대입구역은 대로변 상업지를 중심으로 상권이 이미 형성되어 있기 때문에 오래전부터 안정적인 상권 중 하나로 손꼽혀왔다. 반면 새롭게 주목해야 할 곳은 구의역이다. 구의역 이스트폴은 최근 광진구청과 쿠팡이 들어오면서 화제를 모았는데, 우리가 눈여겨봐야 할 곳은 그 맞은편 지역이다. 그중에서도 아파트 단지 내 상가나 소규모 건물은 투자 매력이 크지 않지만, 지하철역 인근의 인프라가 밀집된 구간은 조금씩 상업 중심지로 변하고 있다. 특히 구의역 주변으로 다세대주택과 빌라 밀집 지역이 넓게 퍼져 있어 유동 인구 밀도가 높아 개발과 확장성을 기대할 수 있다.

20~30억 원으로 건물 투자를 고려한다면, 상권이 확장되면서 개발 여지가 높고 유동 인구가 많은 입지로 가야 하는데, 광진구에서는 2호선 지하화 라인을 따라 확장되는 구의역 상권이 바로 그런 곳이다. 30억 원 미만의 투자 전략은 분명하다. 20~30억 원 수준이라면 땅값은 낮지만, 장기적으로 수익률이 높은 저평가 지역을 찾아 수익형 건물에 투자해야 한다. 초기 투자 자금이 10억 원 미만이라면 건물 대신 퀀텀 점프할 수 있는 입지를 찾아 아파트에 투자하는 것이 더 합리적일 수 있다.

차라리
아파트 투자가 낫다?

2025~2026년 부동산 시장 흐름을 고려하면 꼬마빌딩 대신 아파트 투자를 고려할 수도 있다. 현재 서울 핵심지 아파트가 자산 방어 측면에서 유리하기 때문이다. 아파트와 상업용 부동산, 둘 다 레버리지 효과는 비슷해진 반면, 아파트는 환금성이 좋고 상업용 부동산에 비해 상대적으로 리스크는 낮다. 정책 요소를 제외하면 인정적인 상품임이 분명하다. 특히 20~30억 원으로 주택에 투자하려는 이들에게는 '초상급지'로 가라고 조언한다. 최고가 아파트를 매입하는 것이 현재 부동산 시장에서 리스크를 줄일 수 있는 좋은 방법이기 때문이다.

물론 주택 투자 시장에도 한계는 분명 있다. 주택을 향한 각종 세금과 규제 정책이 강화될 수 있는데, 일반 투자자가 이를 발 빠르게 대처하기는 생각보다 어렵다. 앞으로 주택 '사고팔기'를 통해 수익을 내는 방식은 더 어려워질 것이다. 예전 같으면 2~3년 보유한 후 주택 비과세 혜택을 받아

상급지 아파트로 갈아타는 것이 효율적인 주택 부동산 투자 전략이었다. 하지만 지금은 아니다.

초기 주택 투자를 시작하는 사람들이 살 수 있는 물건의 우량성도 계속 떨어지고 있다. 현재 서울 주택 가격이 주간 단위로 0.4~1% 가까이 오른다고 하지만, 이는 실제로 강남의 일부 대단지, 그중에서도 신축 베스트 아파트 단지에 한정된다. 초기 주택 투자자들이 가진 5~10억 원 미만의 소규모 자본금으로는 이런 핵심지에 들어가기가 매우 어렵다. 결국 마포, 용산, 성동이나 강동, 혹은 그보다 더 외곽 지역으로 밀려나는데, 이런 지역도 상승세가 유지될지 미지수다.

현재 분위기가 이렇기 때문에 '소형 빌딩이라도 투자하는 것이 낫다', 혹은 '아파트에 투자하는 것이 낫다' 중 어느 쪽이 정답이라고 확언하기 힘든 것이 사실이다. 하지만 결론적으로 꼬마빌딩보다 아파트 투자에 관심 가져보라고 조언하는 몇 가지 이유가 있다. 바로, 주택은 차별화된 입지, 특별한 주택 상품을 찾아내면 '퀀텀 점프'할 기회가 있기 때문이다.

아파트 투자할 때 흔히 저지르는 실수

얼마 전, 한 고객이 아파트 투자 조언을 받기 위해 상담을 왔다. 2년 전에도 상담해준 적이 있는데, 당시 그가 소유하고 있던 수도권 신도시 아파트를 매각하는 것이 낫다고 조언한 바 있다. 하지만 그 고객은 2년이 지난 지금까지도 처분하지 못하고 있다. 2년 전에 당시 시세보다 싸게 팔

앉더라도 지금보다는 높은 가격이었으니 그때 파는 게 맞았다.

하지만 진짜 뼈아픈 것은 지난 2년 사이에 놓친 기회비용이다. 당시 그 고객에게 여의도의 오래된 구축 아파트 투자를 권유했다. 2022~2023년 사이 여의도 30평대 아파트 가격이 16~18억 원 수준이었는데, 당시 금리가 5~6%로 높아지면서 주택 시장이 얼어붙어 가격에 메리트가 생겼다. 당시 전세를 끼고 매입한다면 실제 투자금은 3~4억 원 정도 필요했다. 만약 당시에 이 조언대로 투자할 수 있었다면 현재 큰 수익을 거뒀을 것이다. 하지만 그는 실행에 옮기지 못했다. 이제는 다시 사려고 해도 살 수 없다. 해당 아파트 시세가 이미 30억 원 이상으로 올랐기 때문이다. 투자 자금도 문제지만, 주택 담보 대출 등 여러 가지 조건이 그때와 매우 다르다.

이처럼 지금 꼬마빌딩 대신 아파트 투자를 하려면 퀀텀 점프가 가능한 지역을 찾아내는 것이 핵심이다. 과거 우리 부모님 세대가 누렸던, 수천만 원에 주택을 사서 수십 억 원에 파는 것처럼, 압도적인 가치 상승을 이룰 수 있어야 의미 있는 투자가 된다.

고객에게 여의도 외에 강남 논현동의 특정 아파트 단지를 유망한 투자처로 꼽아준 적도 있었다. 2년 전 언급할 때만 해도 30평형 대가 18~20억 원 사이에서 움직이고 있었는데, 지금은 매매가가 35억 원 이상이다. 당시 조언할 때 "말도 안 된다"라며 비판하는 사람이 많았지만, 시장은 예견대로 흘러갔다. 만약 당시 그 조언을 믿고 실행에 옮긴 투자자가 있다면 현재 만족할 만한 수익률을 거뒀을 것이다.

지금도 비슷한 조언을 이어가지만 많은 사람이 고개를 끄덕이면서도 정작 투자를 실행에 옮기지 못한다. 자신이 알고 있는 정보에만 매달리기 때문이다. 타인의 분석과 조언에는 이유가 있는데, 이를 무시하고 자신이 알고 있는 한계 안에서 자신이 하고 싶은 대로 분석하고 해석하니 기회를 놓친다.

참고로, 아파트에 투자할 때 잊지 말아야 할 점이 있다. '부동산은 사는 것보다 파는 것이 예술'이라고 할 만큼 매도하기가 쉽지 않다. 살 때는 시세보다 비싼 가격을 치러야 좋은 물건을 살 수 있고, 팔 때는 다른 매물보다 싸게 내놔야 빨리 팔 수 있다. 만약 이런 마음가짐과 전략이 없다면 시간이 지날수록 매물이 묶이고, 기회는 사라진다. 특히 팔 때는 손해를 조금 본다는 생각으로 최대한 싸게 내놔야 매수자들이 보러 오는 기회라도 만들 수 있다. 원하는 때 매물을 팔지 못하면 놓치는 기회비용이 훨씬 크다.

또한 부동산 투자로 의미 있는 수익을 거두려면 신문이나 방송 등 언론에서 부추기는 호재성 기사에 낚이지 않도록 주의해야 한다. 진짜 원하는 수익률을 얻으려면 대중과 다르게 보고, 움직여야 한다. 남들이 다 좋다고 쫓는 시장은 누군가 수익을 내고 빠져나갔을 확률이 높다.

앞서 소개한 고객은 신도시 아파트를 팔지 못한 사이에 어느새 2년의 세월이 흘렀다. 2년 동안 인접한 곳에 새로운 신도시가 생기면서 공급이 계속되다 보니 기존 아파트의 매력은 빠르게 사라지고 있다. 그나마 다행인 것은 서울에 보유하고 있던 또 다른 아파트에 호재가 발생하면서 시세 차익을 기대할 수 있게 되었다는 점이다. 현재 그에게 해줄 수 있는 조언은 서울 아파트는 계속 보유하고, 수도권 아파트를 최대한 빨리 매각하라는 것이다.

여의도 다시 보기

부동산 투자에서 '퀀텀 점프'라고 하면, 기존의 인상 수준을 훌쩍 뛰어넘는, 압도적인 가격 상승이 이뤄졌을 때를 의미한다. 만약 우리가 이런 퀀텀 점프가 가능한 주택 투자 물건을 찾아낼 수 있다면, 꼬마빌딩 투자보다 훨씬 높은 수익을 기대할 수 있다.

서울에서 퀀텀 점프할 수 있는 유력 후보지로, 앞서 언급한 여의도와 워커힐 아파트를 떠올릴 수 있다. 특히 여의도는 지금 투자할 만한 여력만 있다면 들어가는 게 맞다. 현재 너무 많이 올랐다고 주저하는 사람이 많은데, 오를 만하니까 오른 것이다.

여의도의 잠재력은 이미 여러 차례 언급한 바 있다. 지난 수십 년 동안 여의도를 둘러싼 다양한 개발 사업이 추진되었으나, 실행 과정에서 여러 이유로 좌초되거나 지연되곤 했다. 그러나 최근 여의도가 금융 특별계획구역으로 지정되면서 용적률이 무려 1,200%까지 상향되어 또다시 주목받고 있다. 이는 여의도의 대변신이 이제 막 시작점에 섰다는 것을 의미한다. 어쩌면 지금이 여의도를 가장 저렴하게 살 수 있는 시기일지도 모른다.

여의도는 향후 대한민국 금융 메카가 될 것이다. 뉴욕 맨해튼을 떠올리면 쉽게 이해할 수 있는데, 실제로 맨해튼에 위치한 고급 펜트하우스 한 채는 수천억 원을 호가한다. 단순히 건물이 특별해서가 아니라 그곳이 전 세계 금융 인재와 자본이 집결하는 장소이기 때문이다.

여의도 역시 비슷한 길을 걸을 가능성이 크다. 투자 은행, 사모펀드, 증권사 등 금융 산업의 핵심 인재들이 여의도로 몰려들 것이며, 이들은 한국 시장뿐만 아니라 미국 등 해외 시장의 글로벌 자본 흐름을 실시간으로 지켜보며 하루 24시간을 살아갈 것이다. 이런 전문가 그룹이 네트워크를 형성하고 생활하며 거주할 여의도는 자연스럽게 한국에서 가장 연봉이 높은 초고액 연봉자들이 모여드는 지역이 될 것이다. 결국 여의도의 집값은 단순한 주거 수요만 아니라 금융 중심지라는 특수한 지위와 맞물려 계속해서 고평가될 수밖에 없다.

여의도는 국회 이전 논의와도 겹쳐 있다. 국회의사당 부지 면적만 놓고 보면 용산 정비창 지역보다 규모가 훨씬 크다. 만약 미래에 국회의사당 부지가 개발된다면, 여의도의 반이 초고층 빌딩과 금융 중심 인프라로 채워질 수 있다. 이러면 단순한 도시 개발을 넘어, 대한민국 최상위 클래스 입지로의 변신을 의미한다.

현재 여의도는 단순한 시세 차익을 노리고 들어가는 입지가 아니다. 우리 이전 세대가 경험했던 것처럼 수십억 원 아파트가 수백억 원 수준으로 뛰어오를 수 있는 퀀텀 점프 후보 지역이다.

워커힐 아파트의 재발견

여의도 외에 또 하나 눈여겨볼 곳이 워커힐 아파트다. 만약 이곳이 안정적으로 재개발된다면, 서울에서 이만한 입지와 조건을 가진 곳을 찾기 힘들 수 있다. 물론 지금 화제성만 놓고 보면 압구정동 일대의 아파트 재건축이 단연 최고다. 하지만 1만 2,000세대에 달하는 엄청난 규모로 인해, 특정 수요층이 소유할 만한 차별성을 갖기가 쉽지 않아 보인다. 같은 아파트 단지 안에서 그들끼리 서로 어울려 사는 고급 주거지 정도로 만족할 수 있다.

그런 면에서 한남 나인원은 현재 기존 고가 주택 중에서 가장 차별화된 곳이다. 그러나 이곳 역시 향후 매물이 증가할 가능성이 크다. 오래 보유한 사람들 중심으로 주택 세제 혜택을 받고 빠져나오면, 이들이 어디로 이동할지가 관건이 될 것이다.

워커힐 아파트라면 대안이 될 수 있다. 이곳은 한남동이 가진 두 가지 특징을 모두 갖추고 있다. 첫째, 풍수 명당으로 손꼽히는 배산임수 입지다. 덕분에 오래전부터 재벌가를 비롯한 부유층에게 선호되어왔다. 둘째, 강남 접근성과 프라이빗한 생활권을 갖췄다. 이곳은 대중교통으로 접근하기 불편한데, 그 덕분에 사람들이 몰려들지 않아 조용하고 쾌적하다. 고액 자산가들은 타인과 부딪히는 것을 싫어하며, 안전하고 프라이버시가 보호되는 곳에 살고 싶어 한다. 이런 조건을 충분히 만족시킬 수 있는 곳이 바로 워커힐 아파트다.

문화와 엔터테인먼트 산업의 이점도 더해진다. 유명 연예인과 아이돌

가수가 소속된 대형 기획사는 회사가 어디에 위치하느냐에 따라 연예인도 함께 움직인다. 현재 박진영이 이끄는 JYP는 강동으로 터전을 옮겼다. 앞으로 유명 연예인과 관계자들이 거주할 만한 강동 인근의 프라이빗한 주거지가 필요할 것이다. 광진구나 강동구 일대에는 아직 그럴 만한 고급 주거지가 보이지 않는다. 현재 일부 유명인들이 강동구에서 그나마 가까운 구리 아치울 마을에 자리 잡고 있는데, 워커힐은 이 수요를 품을 수 있는 최적의 장소다.

워커힐 아파트의 또 다른 장점은 호텔과의 서비스 결합이다. 보통의 아파트 커뮤니티가 아니라 최고급 호텔과 연계해 피트니스, 조식과 브런치 서비스 등을 제공받을 수 있다. 이는 단순한 아파트 커뮤니티 시설을 넘어 '최고급 호텔식 주거 서비스'가 가능한 프리미엄 아파트 이미지를 만들어 낼 수 있다.

무엇보다 현재 워커힐 아파트 시세는 무척 매력적이다. 단지는 모두 대형 평수로 구성되어 있으며, 가격은 30억 원대 언저리다. 이는 서울의 다른 고급 주거지와 비교할 때 상당히 저평가된 시세다.

이곳의 개발 역사를 살펴보면 워커힐 호텔을 짓는 과정에서 대기업 특혜가 불거지기도 했지만, 당시 최상위 부유층만 입주할 수 있었던 차별화된 지역이었다. 지금도 여전히 서울에서 가장 프라이빗한 입지이기도 하다. 결론적으로 워커힐 아파트 역시 여의도와 마찬가지로 퀀텀 점프가 가능한 매력적인 주택 투자 후보 지역이 될 수 있다.

50억 원 이상 투자자는
지금이 건물 투자 적기

경제가 고도 성장하면서 인구가 폭증할 때는 도시도 끊임없이 확장된다. 서울 역시 지난 수십 년간 개발이 계속되었다. 그러다 더 이상 땅이 없어지자 외곽에 여러 곳의 신도시를 만들어 넓혀나갔고, 이는 곧 수도권 확장으로 이어졌다. 이 과정에서 부동산 가격이 오르는 것은 필연적이었다. 경제 규모가 커졌고, 그에 따른 가격 상승은 자연스러운 것이기 때문이다.

하지만 한국 부동산의 확장성과 성장성은 이제 정점에 도달했다. 지금은 더 넓힐 땅도, 신도시를 대규모로 개발할 필요성도 줄었다. 이제부터는 단순 확장이 아닌, 기존에 만들어진 상품 안에서 차별화와 재구성을 통해 새로운 가치를 만들어내야 한다. 특히 서울과 강남 안에서 더 높은 경쟁력을 갖출 수 있는 상품을 만들 수 있는 안목이 절실해진다. 꼬마빌딩만 보더라도 입지와 상품성에 따라 가치가 극명하게 갈리기 시작했다. 이는 건물 시장의 양극화를 의미하며, 이미 거스를 수 없는 대세가 되고 있다.

한때 부동산 시장에서는 지식산업센터, 생활형 숙박시설, 도시형 생활주택, 오피스텔 등 다양한 상업용 부동산이 인기였다. 이런 특정 부동산 상품은 시기적·지역적으로 유행을 타며 주기적으로 변화하는 특성이 있다. 유행을 좇는다고 다 성공하는 것은 아니다. 중요한 것은 시장 흐름을 감지하고 발 빠르게 대응하는 감각이다.

과거 꼬마빌딩의 대표적인 이미지는 근생 건물이었다. 1층에 자영업자가 들어오거나, 작은 사무실 혹은 기획사, 또는 IT나 벤처 투자자에게 통임대할 수 있는 건물이 인기를 끌었다. 하지만 지금은 그런 시대가 아니다. 국내 산업 구조 속에서 물류센터, 데이터센터 등 대규모 기반 시설 확충이 중요해지고 있으며, 대기업 역시 반도체 등 설비 투자에 집중한다. 투자자라면 이런 산업적 흐름이 모여드는 지역이 어디인가를 읽을 줄 알아야 한다. 예전의 테헤란로 같은 오피스 밀집 지역이 아니라, 새로운 산업 성장이 기대되는 입지를 찾아내야 한다는 뜻이다.

대한민국은 이미 선진국에 들어섰다. 산업 구조와 도시 모두 성숙기에 접어들면서 과거의 '성장기 투자 공식'은 이제 먹히지 않는다. 지금은 새로운 지위에 걸맞은 건물 투자 차별화가 필요하다. 그 차별화를 바탕으로 상업용 부동산에 새로운 가치를 만들 수 있는 투자 전략을 찾아야 한다.

호텔 투자, 매력 없다

외국인 관광객이 다시 늘어나자 언론은 '호텔이 부족하다'라는 기사를 집중적으로 보도했다. 그러자 상업용 부동산 업계에서는 호텔 투자가 새로운 기회가 될 것처럼 말하고 있다. 이는 위험한 발상이다. 지금 호텔을 새로 짓는 것은 숙박업의 구조적 변화를 무시한 '상투 투자'에 가깝다.

코로나 팬데믹이 발생하자 해외여행이 막히면서 그 많던 여행 수요가 국내 골프장으로 몰려들던 때가 있었다. 골프 산업이 호황을 누리면서 골프장 거래도 활발했는데, 한 홀당 100억 원이 넘는 가격으로 골프장이 거래되었다. 18홀 골프장이면 1,800억 원에 팔리던 시절이었다. 당시 매각에 성공한 사람은 그야말로 대박을 터트렸다. 하지만 코로나가 끝난 후 골프를 치는 사람들의 발길이 뜸해지면서 현재 골프장은 반값에도 거래가 되지 않는다. 유행에 올라탔던 투자자들은 불과 1~2년 사이에 쪽박을 찬 셈이 되었다. 지금 호텔 투자가 그와 비슷한 길을 가고 있을 가능성이 커 보인다.

숙박업계는 이미 구조적인 변화를 겪고 있다. 에어비앤비를 비롯한 민간 숙박 플랫폼이 전 세계적으로 확산하면서 호텔이 설 자리가 좁아지고 있다. 국내에서도 생활형 숙박시설, 도시형 생활주택 등 레지던스 개념의 건물들이 호텔의 대안으로 자리 잡고 있다. 실제로 많은 건설 시행사들이 기존의 생활형 숙박시설이나 도시형 생활주택을 레지던스로 전환해 분양하는 사례가 늘고 있다. 또한 외국인 관광객과 젊은 세대는 에어비앤비 같은 대체 숙박 시설을 선호한다. 물론 5성급 고급 호텔의 수요는 여전히 존재하지만, 그 외 일반적인 숙박 수요는 이미 민간 숙박업소로 흡수되는 중이다.

숙박 트렌드 변화는 지역 상권에도 직접적인 영향을 주고 있다. 제주도는 고급 호텔이 많지만, 에어비앤비 형태의 민간 숙박 업체가 부족하다. 그러다 보니 관광지로서 인기가 점점 약화되고 있다. 반면, 서울의 강남 지역은 신축 빌라 등을 활용한 에어비앤비 운영이 활성화되고 있다. 외국인 관광객이 선호하는 지역과 맞물리면서 방문객이 많아지자 인근 지역의 근생 상권이 되살아나는 등 긍정적인 영향을 끼치고 있다.

물론 모든 지역이 그런 것은 아니다. 외국인 관광객이 많은 종로구 익선동의 포장마차촌 등은 조금 다른 양상을 보인다. 한때 젊은 세대와 관광객이 몰려들면서 상권이 활기를 띠었지만, 소음과 위생 등 여러 문제가 발생하면서 규제 가능성이 커졌다. 단순히 사람들이 많이 모여들고 유행을 탄다고 따라 들어가 건물 투자를 하는 것은 위험하다. 누가 봐도 단기적 유행에 올라탄 상권은 언제든 급격히 쇠퇴할 수 있다는 것을 기억해야 한다.

끝나지 않은 강남 불패론 : 강남역 다시 살아나나?

강남역과 신사역 입지는 '불패 입지'로 통해왔다. 그만큼 땅값이 비싸기 때문에 일반 투자자가 들어가기 힘들지만, 투자할 수만 있다면 흔들림 없는 안정성과 확장성을 보장받았다. 이곳도 지난 2~3년간 근생 상권이 위축되는 양상을 보여왔지만, 곧 다시 살아날 것이라는 전망에는 의심의 여지가 없다.

이미 강남은 지역 자체가 글로벌 브랜드로 자리 잡았다. 특히 강남역과 신사역은 단순한 상업지 이상의 의미를 가진다. 대기업 본사와 글로벌 기업들이 들어와 있으며 K-컬처, K-푸드, K-메디컬 등 다양한 산업의 거점지가 되어 계속해서 새로운 수요를 만들어내고 있다. 정치적 차원에서도 한국의 문화적 상징성과 상업성이 중첩된 강남역을 쉽게 포기하기 힘들 것이다. 일시적으로 공실이 발생하면서 임대 수익률이 낮아졌지만, 강남 상권은 국내 경기가 회복기에 들어서면 가장 먼저 반등할 지역이다.

투자자 관점에서 부동산 입지를 해석할 때 '인간의 욕망'을 이해할 필요가 있다. 강남은 사람들이 항상 가고 싶어 하는 '욕망이 투영되는' 장소다. 누구나 소유하고 싶지만 아무나 가질 수 없는 입지, 비싸서 접근이 불가능하지만 돈이 생기면 가장 먼저 선택하는 최상급 입지, 그곳이 바로 강남이다. 그래서 강남은 상대적으로 가장 안정적인 투자처이기도 하다.

강남 부동산에는 단순한 임대료 수익을 넘어선 또 다른 무형의 가치도 숨어 있다. 이곳에 건물을 소유한다는 것 자체가 상징적 자산이다. 기업 입장에서는 강남 핵심지에 사무실이 있다는 것만으로도 직원들의 만족도와 기업 이미지 제고 효과를 가진다. 이런 상징성은 때로는 임대 수익률보다 더 강력한 투자 요인이 되기도 한다.

경기가 침체해도 자산가들은 강남을 잘 떠나려고 하지 않는다. 자본에 여유가 있는 투자자라면 공실을 감수하고라도 버티는데, 이는 경기 회복기에 가장 먼저 반등할 자산이 강남이기 때문이다. 따라서 자본 규모가 50억 원 이상인 투자자라면 강남 상권은 여전히 매력적인 투자처다. 안정적인 임대 수익률과 더불어 상급지 건물 보유에 따른 장기적인 시세 상승도 기대할 만하다.

잠깐의 숨 고르기 후 다음 도약을 준비하라

최근 몇 년 사이 경기 사이클이 꺾이고 다양한 외부 변수에 휘둘리면서 시장은 잠시 숨 고르기에 들어갔다. 이 시기는 단순한 침체가 아닌, 정비할 수 있는 기회였다. 투자자에게는 전략을 점검하고, 새로운 도약을 위한 준비 시간이었다. 이제부터가 중요하다. 앞으로 3~5년이 지나면 누군가는 철저한 준비를 바탕으로 한 단계 위로 도약할 것이고, 누군가는 흐름을 따라가지 못한 채 시장에서 도태될 것이다.

꼬마빌딩에 투자한 사람이라면 지금이 중요하다. 임대가 잘되지 않거나 수익성이 기대에 못 미치는 경우, 차별화 포인트가 없다면 결국 매각으로 내몰릴 수밖에 없다. 최근 연예인을 비롯한 일부 투자자들이 손실을 감수하고 건물을 처분하는 경우가 있었다. 단순 보유만으로는 더 이상 버티기 힘들다는 것을 보여주는 사례다. 앞으로 상업용 부동산 투자는 전문화와 고도화 없이는 생존하기 힘들다. 이를 위해 얼마나 노력하는지가 다음 도약을 결정짓게 될 것이다.

제일 중요한 것은 건물주의 태도다. 건물주로서 상품을 잘 포장하고, 꾸준히 관리하며, 제대로 된 애프터서비스를 제공해야 한다. 이 과정에서 가장 중요한 존재가 바로 임차인이다. 임차인은 단순히 임대료를 내며 영업하는 소비자가 아니라, 건물의 가치를 시장에 널리 알리는 홍보자이자 마케터라고 여기며 존중해야 한다.

은행이나 회사가 건물에 입주했다고 가정해보자. 그 순간부터 수많은 소비자, 방문객들이 건물에 찾아온다. 건물 로비, 경비 서비스, 주차 편의성, 화장실 청결도 등 다양한 요소가 방문객들에게 평가받는다. '가보니 그 건물이 참 좋더라'라는 입소문이 만들어질 수 있고, 이런 말들이 모여 임대 시장에서 막강한 마케팅 효과를 발휘한다. '발 없는 말이 천 리 가는' 것처럼, 좋은 건물 이미지는 곧 다른 임차인을 끌어들이는 힘이 된다.

지금은 조물주 위에 건물주가 아닌, '건물주 위에 임차인' 시절이다. 과거의 방식에 사로잡힌 건물주일수록 임차인을 하대하는 것에 익숙한데, 계속 그런 태도를 유지하면 건물 운영이 쉽지 않을 수 있다. 요즘 임차인은 건물주를 어려워하지 않는다. 어려워할 이유가 없기 때문이다. 임차인들에게는 선택할 상품이 많다. 종류도 다양하고 폭도 넓으니 건물주에게 굽신댈 필요가 없다. 그들은 '내 돈 내고 내가 산다'라고 생각하며, 건물을 하나의 상품으로 본다. 앞으로 건물주는 임차인을 고객이자 파트너로 존중해야 경쟁력을 가질 수 있다.

서울 핵심 입지
인기는 계속된다

서울 서부권역의 대표 입지 중 하나로 마곡을 꼽을 수 있다. 하지만 마곡은 이미 성숙 단계에 접어들었다. 확장성보다는 기존 개발을 완성하는 국면으로, 쉽게 말해 '먹을 게 별로 없다.' 마곡보다는 인근의 발산역과 화곡역 일대, 특히 가양역 주변을 살펴봐야 한다.

가양역은 한강 변과 가깝고, 맞은편으로 상암과 맞닿아 있어 연계 시너지가 기대된다. 가양역 인근 CJ 연구소 부지가 한창 개발 중이며, 이와 맞물려 재개발 가능성이 큰 가양 주공 단지와 등촌동, 발산역 주변으로 호재가 아직 남아 있다. 저평가된 지역이라 먹거리가 많다고 볼 수 있으며, 그동안 다른 지역에 가려져 주목받지 못했을 뿐 충분히 성장 잠재력이 있다. 무엇보다 한강을 사이에 두고 강남과 강북이 서로 마주 보는 입지적 장점이 매력적이다.

가양대교를 건너면 덕은지구가 있는데, 현재 이곳은 지식산업센터가 너무 많아 공실이 심각한 상황이다. 밖에서 보면 화려하지만, 상당수 건물이 비어 있는데, 대규모 자본이 투입된 만큼 몰락할 가능성은 작다. 다만 초기에 비싸게 분양받은 개인 투자자들이 손실을 떠안을 가능성이 커 보인다. 분양받은 가격에서 큰 손해를 보고 경매 처분되거나 일정 부분 정리가 이뤄지면, 그 후에 지하철 등 교통 인프라가 확충되고 주거 시설이 들어오면서 다시 회복 국면에 들어설 수 있다. 결국 누군가는 죽어나갈 수밖에 없고, 그 시기를 버티는 투자자에게 기회가 돌아갈 것이다.

부동산 투자는 얼핏 복잡해 보이지만 본질적으로 인내심 싸움이다. 남들이 쓰러질 때를 기다릴 수 있는 사람이 기회를 잡을 수 있는데, 대부분은 인내심 부족으로 섣불리 뛰어들어 낭패를 겪는다.

강서는 아직 여력이 많이 남아 있는 지역이다. 다만 속도가 느리고 단기간에 성과를 내기 어렵다. 최소 5~10년 이상 장기적인 안목으로 접근해야 하며, 단기간에 큰 수익을 기대하기보다 실거주 목적으로 꾸준히 지켜보는 투자자에게 적합하다. 특히 등촌 주공아파트와 발산역 주변은 오히려 마곡보다 더 유리한 입지로, 향후 개발 호재로 인한 반사 이익을 누릴 수 있다.

은평, 강북의 대치동?

강서구보다 더 주목해야 할 곳이 은평구다. 은평은 서울에서도 가격 대비 가성비가 가장 좋은 지역인 동시에 인구 밀도가 무척 높아 상업용 부동산 투자를 하기에 유리하다. 일산으로 가는 길목에 위치한 데다 창릉 신도시 개발과 은평뉴타운, 성산동 일대, 상암동과 연결되었을 때 시너지 효과를 상상하면 오히려 마포보다 더 유리해 보인다. 교통망만 보더라도 6호선과 3호선이 모두 지나고 있으며, GTX가 연결되어 용산을 지나 삼성역까지 빠르게 갈 수 있다. 지금도 3호선이 강남까지 한 번에 이어지기 때문에 접근성은 마포보다 더 낫다.

은평의 인구 밀도가 높다는 것도 커다란 장점이다. 이미 50만 명 가까이 거주하고 있는데, 이는 강동구와 비슷한 수준이다. 인구가 많다는 것은 곧 생활 소비 수요가 풍부하다는 뜻으로, 상업용 부동산에 투자할 때 무척 유리한 조건이다. 실제로 녹번역 인근에 대단지 신축 아파트가 많이 들어섰으며, 구산역과 대조동 일대에도 대단지 아파트 개발이 예정되어 있다. 과거에는 서민 주거지였지만 신축 아파트가 들어서면 주거 환경이 개선되고, 이는 자연스럽게 부동산 가치 상승으로 이어질 수 있다. 여기에 창릉 신도시까지 개발되면 은평은 한 단계 더 도약할 수 있다.

은평의 교육 인프라에도 주목할 필요가 있다. 지금 구산역과 예일여고 일대를 중심으로 학원가가 형성되고 있는데, 향후 강북의 대치동으로 자리매김할 공산이 크다. 원래 마포 공덕역과 대흥동 주변으로 학원가가 만들어지는 분위기였는데, 일대가 개발 붐을 타면서 철로 주변으로 카페가 많이 입점하고 땅값이 비싸지면서 학원이 들어설 자리가 사라졌다. 이를 은평이 흡수할 가능성이 크다. 이미 은평은 학생 수와 인구 밀도가 압도적으로 높아, 장기적 관점에서 학원가 중심지로 자리 잡을 수 있는 토대가 마련되어 있다.

　은평구의 가치는 지하철 순환 구조에서도 확인할 수 있다. 6호선은 응암역을 기점으로 순환선 형태를 띠는데, 이는 그만큼 이용객이 많다는 의미다. 지하철역이 만들어지려면 이용객 수가 일정 수준 이상이 되어야 하는데, 은평 일대의 역들이 순환선이 된 것은 인구 수요 기준을 훨씬 상회한다는 의미다. 이는 단순한 교통 호재를 넘어 지역 성장의 토대가 이미 갖춰졌다는 뜻이다.

　현재 은평은 가격 면에서 여전히 저평가되어 있어 투자 가성비가 높다. 동시에 개발 호재와 확장성도 풍부하다. 상암은 이미 개발된 지 오래되어 성장 동력이 크지 않은 반면, 은평은 신축 단지와 창릉 신도시 및 GTX, 그리고 구도심이 재개발과 맞물리면서 중장기적 성장 여력이 충분하다.

종로구·용산구 다시 보기

　서울 구도심으로 눈을 돌리면 종로가 있다. 종로 일대에서는 회현, 종각부터 종로3가를 지나 동묘로 이어지는 구간을 집중적으로 볼 필요가 있다. 이곳은 이미 두 세대 이상 지나면서 노후화가 심해졌고, 슬럼화도 빠르게 진행되고 있다. 너무 낡아서 대책 없어 보이기도 하지만, 바로 그렇기 때문에 재개발로 이어질 수밖에 없는 필연성을 갖추고 있다.

　세운상가와 청계천 일대는 대표적인 슬럼화 지역이다. 앞으로 종묘 앞세운상가 라인을 중심으로 풍부한 녹지와 공원이 어우러진 재개발이 진행된다면 강북 핵심 입지로 새롭게 부상할 가능성이 크다. 세운상가 개발은 최근 연일 이슈가 되고 있는데, 미래를 보는 현명한 안목에서 문화재 유산 보존을 먼저 고려한 후 개발 계획을 세우는 것이 필요하리라 본다. 도시 경관 환경들을 고려한 계획을 통해 조화로운 재개발이 필요한 케이스다.

이미 청계천 주변은 오피스텔과 아파트가 속속 들어서고 있으며, 세운상가 및 을지로 상가 일대는 대규모 개발 계획이 세워지고 있다. 을지로3가역에서 충무로역으로 가는 길이 세운상가 라인과 인접해 있는데, 이 지역을 묶어서 개발할 예정이다. 조감도에 제시된 대규모 녹지와 새로운 도시 인프라는 이 지역의 미래 가치를 잘 보여준다. 세운상가 인접 지역에 투자할 수 있다면, 주변이 개발되는 과정에서 엄청난 가치와 수혜를 입을 수 있다.

서울역 일대 역시 서울 구도심에서 중요한 개발축이다. 현재 대기업이 참여해 서울역 북부 역세권 복합 개발을 진행하고 있으며, 서울역사 지하화와 지상철로 구간도 그에 따른 주변 지역 가치 상승을 기대해볼 수 있다. 이와 함께 청파동, 남영역, 숙대입구역 주변이 특별계획구역으로 지정되면서 변화를 눈앞에 두고 있다. 이곳은 여전히 저평가된 물건이 많다. 만약 서울역 지하화가 이뤄져 공원과 녹지가 풍부해지면 도심 환경이 크게 개선된다. 그러면 숙대입구역과 남영역 인근이 가장 큰 수혜를 얻는데, 시선을 좀 더 확장시키면 인접한 효창동과 용산까지 연결되면서 시너지 효과도 기대할 수 있다.

이런 지역에서의 투자 핵심은 시간이다. 지금은 저평가되고 있지만, 재개발이 본격화되면 가치가 급상승할 수 있다. 같은 시점에 50억 원을 투자한다고 했을 때, 다른 곳이 50억 원에서 70억 원이 된다면 구도심의 일부 특정 지역은 200억 원으로 튀어 오를 수 있다. 이른바 한순간에 지위가 바뀌는, 퀀텀 점프할 수 있는 지역들이다. 종로와 세운상가 일대, 서울역 인근 등 구도심은 단순히 낡고 슬럼화된 곳이 아니라, 재개발과 도시정비를 통해 새로운 도약이 가능한 서울 강북의 핵심 입지다.

영등포, 제2의 성수동 될까?

영등포구로 넘어오면, 거듭 강조해도 지나치지 않은 미래 유망 투자 지역인 여의도가 있다. 여의도는 더 이상 설명이 필요 없는 핵심 지역으로, 이미 금융 중심지로 자리 잡고 있으며, 앞으로도 초대형 개발 호재가 이어질 곳이다. 여의도 공원 자리에 제2 세종문화회관이 들어설 예정이고, 향후 국회의사당 부지와 인근 지역으로 다양한 인프라가 구축될 것이다. 문제는 주거 공급이다. 여의도 안에 있는 아파트는 많아봤자 1만 세대 정도다. 주거 수요는 넘치는데 여의도 내부의 공급 물량이 절대적으로 부족하기 때문에, 인근 지역으로 수요가 분산될 가능성이 크다. 그 수혜지역 중하나가 바로 영등포다.

특히 영등포역, 영등포시장역, 영등포구청역 일대를 눈여겨봐야 한다. 이 지역은 준공업지역과 상업지역이 혼재된 구도심으로, 현재는 공장과 노후 시설이 많지만 재개발 잠재력이 높다. 그런 면에서 성수동을 떠올릴 수 있다. 성수동이 준공업지역을 개발해 지식산업센터와 오피스, 문화 공간 등으로 탈바꿈하면서 가치가 급상승한 것처럼, 영등포도 여의도 확장세력권 안에 들면서 금융 관련 기업과 스타트업 등이 들어오면 여의도 배후 공간으로 기능할 수 있다. 특히 영등포구청역은 2호선과 5호선이 교차하는 더블 역세권으로 교통 접근성이 매우 높으며, 관공서와 상권이 결합한 지역이라 향후 복합 개발 가능성도 있다.

반면 같은 영등포구라도 당산역 일대는 이미 아파트 등 주거 시설로 채워져 있기 때문에 투자 매력이 크지 않다. 신길 뉴타운과 보라매역 역시 개발이 마무리된 상태다. 따라서 지금 시점에서 가장 유심히 지켜봐야 할 곳은 영등포시장과 영등포구청 인근이며, 특히 영등포역 맞은편 삼각형 모양의 상업지에 관심을 가져야 한다.

결론적으로, 영등포는 여의도 인접 지역으로서 여의도의 초대형 개발이 성공하면 자연스럽게 넘치는 수요를 흡수하며 성수동과 같은 성장을 기대할 만하다. 아직도 저평가되어 있는 영등포의 준공업 지역과 상업 지역은 장기적으로 지식산업센터, 오피스, 주거 복합단지로 탈바꿈할 잠재력이 충분하다.

이수역과 사당역 vs 서초역과 교대역

동작구는 투자 매력이 높지 않지만, 그럼에도 눈여겨볼 만한 곳이 이수역과 사당역 주변이다. 사당 1동과 방배동을 포함한 사당역 일대 재개발이 활발하게 진행되면서 확장성과 성장성이 기대된다.

이수역과 사당역은 단순한 주거지 개발을 넘어 상업지 개발 가능성도 크다. 또한 용산과 지리적으로 인접해 있어 유리하다. 동작대교는 과천과 인덕원 등지에서 유입되는 공무원 이용자가 많지만, 강남권 거주자들이 별로 이용하지 않아 활용도가 낮은데, 이는 다리를 건너자마자 업무 시설이 아닌 용산 공원이 자리하고 있어 실질적 연결 수요가 제한적이었기 때문이다. 하지만 용산 개발이 본격화되면 상황은 달라질 수 있다. 용산을 비롯해 한남동 개발이 완료되면 인근 지역의 활용도와 가치가 높아질 것이다. 특히 반포 재건축이 진행되면서 최고급 주거지로 급부상하고 있는데, 향후 한남 재개발이 마무리되면 강남·북 최고 주거지를 두고 반포와 한남이 경쟁할 가능성도 있다.

이런 흐름 속에서 동작구에서 실질적으로 투자할 만한 핵심 지역이 바로 이수역과 사당역이다. 재개발 가능성과 상업지 개발이 동시에 기대되고, 용산 접근성이 좋은 데다 교통 편의성까지 갖췄다. 투자금에 여력이 있다면 대로변을 중심으로 이수역과 사당 일대에 투자하면 큰 손해 볼 일 없는, 안정적인 선택지가 될 수 있다.

강남권으로 넘어오면 서초와 교대 일대가 투자 대상 지역으로 꼽히는데, 서초는 조심할 필요가 있다. 서리풀 터널 인근의 정보사 부지 개발로 당분간 공급이 많아지면서 시장에 부담이 될 수 있다. 여기에 더해 사법기관 관련 변수도 있다. 일대에 자리 잡은 법원과 검찰청 관련 수요는 현재 안정적으로 이어지고 있지만, 앞으로 분산 위험성이 존재한다. 대통령실이나 국회가 세종으로 이전하거나 정부종합청사 기능 이전 등이 현실화되면 관련된 법률 소송과 행정 수요가 세종으로 옮겨갈 수 있다. 이러면 변호사 등 해당 직업군도 내려가야 하는 상황이 펼쳐지면서 서초의 독점적 위상이 약해질 가능성이 있다. 물론 서초와 교대는 기본적인 수요가 꾸준히 있기 때문에 안정성은 유지할 수 있으나, 향후 확장성은 확실히 줄어들 것이다.

교대역 인근도 서초역과 비슷하다. 지금은 안정적이지만 시간이 지날수록 상권이 위축될 수 있다. 교대는 과거 교육 수요가 더해져 활기를 띠었지만, 최근 교대 진학 수요가 많이 줄면서 위상이 줄었다. 결국 교대 인근의 역세권 근생 상권도 활력을 잃고 있다. 장기적으로는 주거 전환이나 대규모 재개발이 진행되면서 사정이 달라질 수 있을 것이다. 하지만 시간이 오래 걸릴 수 있어 좀 더 지켜봐야 한다.

상일 IC 주변이 뜬다

서울 25개 자치구 가운데 인구가 가장 많은 지역이 송파구다. 하지만 사람은 많이 사는 반면 건물 투자처로는 매력적이지 않다. 입주 기업이 인구 대비 상대적으로 많지 않고, 서울의 가장 큰 '베드타운' 역할에 그치고 있으며, 지하철역 중심 상권도 대부분 항아리 상권 수준이다.

눈여겨볼 만한 곳은 삼전역과 석촌역이다. 다만 석촌역 인근은 문화재

보호로 인한 고도 제한 등 규제가 있어 개발에 한계가 있다. 석촌역 인근도 상권 활력이 예전만 못하다. 하지만 송파대로 개발 계획에 따라 보행 통로를 조성하고 공원이 만들어지면, 향후 유동 인구 증가와 상권 활성화를 기대해볼 수 있다. 그러나 투자 매력도는 높지 않다. 오히려 방이동 먹자골목이 최근 다시 활기를 찾고 있어 주목할 만하다. 방이동 먹자골목은 과거 호텔이나 모텔 등이 많은 상업지였는데, 이곳에 오피스텔이 많이 들어서면서 상권이 되살아나고 있다. 상권 회복에 거주 수요 확보가 큰 역할을 했다.

삼전역은 송파구 항아리 상권 중에서 대표적인 의료 수혜 지역이다. 이 일대는 메디컬 타운의 특징이 뚜렷한데, 인근에 삼성서울병원과 아산병원이 있어 의료 인프라와 접근성이 좋다. 또한 주변이 빌라 밀집 지역인 데다 고령 인구 비중이 높아 병원 수요가 많은 것도 유리한 점으로 작용한다.

송파 바깥으로 시선을 돌리면 천호역·강동역·길동역 라인이 있다. 이곳은 계속 확장하는 지역으로 건물 투자에 유리하다. 특히 상일 IC 인근에 산업단지가 조성되면서 유리한 입지 조건을 갖췄다. 고속도로를 바로 이용할 수 있는 교통 요충지로, 물류센터를 비롯해 기업 수요가 유입되면서 배후 수요가 계속 증가하고 있다. 산업단지와 고속도로 접근성을 기반으로 기업과 물류 중심지로 성장하는 지역은 투자 가치가 높다. 아파트 공급은 마무리 단계이므로 인근 지역과 산업단지 주변의 근생 건물 투자에 관심을 가져볼 만하다.

고덕역 상권은 평당 상가 매출이 높다는 걸보기 성과에 혹해 상가 투자에 뛰어드는 투자자가 있는데, 리스크가 커 보인다. 9호선 연장선 신강일역 개통 호재만 믿고 무턱대고 투자하는 것은 바람직해 보이지 않는다.

따라올 수 없는 인구 밀집도, 쌍문동

과거 상봉터미널이 있었던 상봉역은 현재 복합개발이 추진되고 있으며, 아파트 단지도 들어서고 있다. 그 영향으로 주변 입지가 주목받으면서 가성비 있는 투자처가 되고 있다. 원래 중랑구는 추천하기 어려운 지역이지만, 워낙 저평가된 곳이기 때문에 언급이 필요하다. 문제는 개발이 지연되거나 오랜 시간 개발이 안 될 수도 있다는 점을 염두에 둬야 한다는 것이다. 중랑구는 서울 안에서도 서민 주거지, 특히 중심부에서 밀려난 사람들이 정착하기 용이하다. 지하철 등 교통 인프라도 충분하고, 거주 인구도 많지만, 사회적·계층적 한계가 명확하다 보니 구조적으로 개발 동력이 부족하거나 개발 순서에서 밀릴 수 있다. 중랑구에서 꿈틀거리는 지역이 태릉과 석계역 일대인데, 그렇다고 해도 실질적인 투자 매력은 크지 않다.

쌍문역은 눈여겨볼 만하다. 중요한 것은 인구다. 은평을 능가할 정도로 인구 밀집도가 높다. 인기 드라마의 배경이 되기도 한 쌍문동은 초·중·고등학교가 밀집해 있어 특유의 수요 기반을 가지고 있다. 만약 대로변 건물에 투자해 메디컬 타운이나 특화 상권으로 조성하면 안정적으로 운영할 수 있을 것이다. 이곳은 항아리 상권 성격이 강해 외부 경쟁도 제한적이므로 비교적 높은 수익률을 거둘 수 있다.

혜화역 다시 보기

혜화역 인근과 대학로 주변을 다시 살펴봐야 할 때가 왔다. 한동안 침체되었던 이곳은 코로나를 계기로 '판 갈이'가 진행되면서, 결과적으로 새로운 기회를 맞이하고 있다. 과거 대학로는 신촌이나 건대 입구처럼 술집, 노래방, 음식점 등 유흥 중심의 옛날 상권 성격이 강했다. 그러나 소비 트렌드 변화와 코로나 충격으로 기존 상인들이 빠져나간 후 젊고 트렌디한 상권으로 변모하면서 사람들이 다시 모여들고 있다. 특히 대학로 안쪽의 소극장들이 코로나 시기 공연이 불가능해지면서 대거 폐업 사태를 맞았고, 이는 아이러니하게 상권 구조의 재편을 촉발했다. 지금 혜화역과 대학로 인근은 MZ세대가 선호하는 식당, 카페, 체험형 매장, 트렌디한 의류 매장 등이 입점해 상권이 활발해지고 있다.

요즘 대학로에 가보면 사람이 별로 없는 신촌과 달리 인파가 많이 몰리고 있다. 주변에 대학들이 많이 자리 잡고 있어 젊은 소비층이 꾸준히 유입된다는 것도 장점이다. 과거 5년간 깊은 침체기와 정리 과정이 오히려 지역 상권 부활의 밑거름이 된 셈이다. 혜화역 일대 대로변 중심으로 상품성 좋은 투자 물건을 확보할 수 있다면, 높은 임대 수익률과 가치 상승을 기대할 수 있다.

수도권
대장 입지는 어디?

　서울을 제외한 수도권에서 최근 다시 주목받는 지역은 용인이다. 용인은 2000년대 초반, 삼성과 SK 등 대기업 반도체 관련 사업이 들어오면서 붐을 탔던 지역이다. 2006년 당시 집값 상승의 가장 큰 수혜지였고, 동시에 가장 큰 피해 지역이기도 했다. 이곳은 상업용 부동산보다 아파트 투자 대상 입지로 살펴볼 만하다.

　용인은 집값의 바로미터 역할을 했던 도시다. 급격한 가격 상승과 하락을 동시에 겪으며 수도권 주택 시장 흐름을 보여주는 다양한 지표를 제공했다. 그 배경에는 동탄 신도시 1지구 개발이 있었다. 삼성전자가 화성에 자리하면서 수원과 용인 일대에 엄청난 양의 주택이 공급되었고, 삼성 직원들을 비롯해 많은 사람이 이곳으로 내려왔다. 당시 용인 집값은 분당보다 비쌌다. 10억 원을 호가하는 아파트들이 등장했고, 삼성 직원들 사이에서는 "집을 사려면 용인 가서 사야 한다"라는 말까지 나돌았다.

하지만 급등세는 오래가지 못했다. 2008년 금융위기가 터지면서 아파트 가격은 폭락했다. 대출 규제가 느슨했던 시절이라 70~80%까지 무리하게 빚을 내 집을 산 사람들, 지금으로 치면 '영끌족'이 많았는데 이들이 많은 어려움을 겪었다. 자본력이 부족한 사람 순으로 타격을 입었고, 도저히 버틸 수 없게 되자 집을 팔았다. 이자를 감당하며 버틸 수 있던 사람들만 살아남았는데, 이후 집값이 상승 국면에 들어서면서 간신히 회복할 수 있었다. 아이러니한 것은 7~8년 동안 세금과 유지 비용 등을 고려하면 수익률이 마이너스임에도 불구하고, 소유자들은 '돈을 벌었다'라고 생각한다는 것이다. 집값이 저점까지 폭락했던 탓이다.

15년 동안 가격 등락을 거치며 계속 헤매던 용인이 2023~2024년 사이 변하기 시작했다. 반도체 클러스터 개발이 본격화되면서 드디어 완성된 도시의 면모를 갖추기 시작한 것이다. 그동안 워낙 땅이 넓어 체계적으로 인프라를 구축하는 데 시간이 걸렸다면, 이제는 띄엄띄엄 들어섰던 시설이 서로 연결되면서 공간이 채워졌고, 결과적으로 도시의 밀도가 한층 높아졌다. 교통 인프라도 계속 확충되고 있으며, 인근에 광교 신도시까지 들어오면서 수원, 용인, 동탄이 동시다발적으로 시너지를 낼 수 있는 구조가 만들어졌다. 이제야 도시다운 도시로 자리매김한 것이다.

이 과정에서 가장 큰 피해지는 수원이 되었다. 수원은 삼성전자가 제일 먼저 자리를 잡으며 도시화되었지만, 시간이 지나면서 구도심으로 변하면서 재건축 시기가 다가오고 있다. 반면 용인과 동탄은 신도시이기 때문에 주거 수요자들이 몰린다. 인근 평택 역시 최첨단 반도체 시설이 자리할 예정이다. 수원에서 위로 올라가면 용인, 아래로 내려가면 동탄이다. 위로 올라갈 것이냐, 아래로 내려갈 것이냐는 개인의 선택 문제지만, 동탄과 용인, 두 곳 모두 성장성은 충분히 갖추고 있다. 다만 용인은 오랜 정체기를 딛고 다시 상승 국면에 들어선다는 점에서 의미가 있다.

주택과 달리 용인의 상업용 부동산 투자 시장은 그리 좋아 보이지 않는다. 무엇보다 땅이 너무 넓다. 공급 가능성이 높기 때문에 건물 경쟁력을 갖추기에 쉽지 않아 보인다. 상업용 부동산 투자는 용인보다는 오히려 성남을 집중적으로 살펴볼 필요가 있다.

성남이 건물 투자에 매력적인 이유

경기도에서 건물 투자 후보지를 꼽으라면 과천이나 용인을 떠올리지만, 실제로 관심 가져야 할 곳은 성남이다. 성남에는 분당도 있고 판교도 있지만, 성남 북쪽에 위치한 모란시장을 포함한 수정구 일대의 투자 매력도가 훨씬 높다. 특히 모란시장은 단순히 전통시장 이상의 의미를 지닌다. 이곳은 경기도 외곽 지역에서 유입되는 인프라가 장점으로, 광주, 이천 등지와 연결된 교통망이 잘 갖춰져 있어 수요가 풍부하다. 덕분에 상권이 안정적이면서 확장성도 갖췄다.

모란시장은 야탑역과 자주 비교된다. 야탑역은 과거 터미널이 있을 때 성남시에서 가장 상권이 활발했다. 한동안 폐쇄되었던 터미널 영업이 다시 시작되었지만, 상권이 예전 같지 않다. 이곳은 연령층으로 보면 40~50

대가 주로 유입되는데, 모란시장 쪽은 50~70대까지 모두 아우른다. 한국의 고령화가 빠르게 진행되면서, 이런 노령층 인구 유입 지역은 앞으로도 지속적인 수요가 창출될 수 있다. 나이를 먹을수록 사람들이 자연스럽게 모여드는 장소를 선호하는데, 모란시장 일대는 노인 친화적인 상권으로 인기가 높다. 서울 종로와 동묘앞역 일대를 떠올리면 이해하기 쉽다. 이곳은 고령층뿐만 아니라 젊은 세대도 지역의 독특한 분위기와 문화를 경험하고 즐기기 위해 방문하는 복합 상권으로 자리 잡았다.

모란역 일대 역시 과거 전통시장을 중심으로 형성된 구상권 위에 새로운 수요가 유입되면서 변화가 더해지고 있다. 이곳은 생활형 숙박시설, 도시형 생활주택, 오피스텔 등이 대거 들어서면서 젊은 인구가 증가했다. 인근에 가천대학교와 동서울대학교가 자리하면서 학생 수요가 꾸준하고, 분당 일대의 대형 병원과 학원가와의 접근성이 좋아 간호사 등 젊은 직장인 수요도 풍부하다. 덕분에 모란시장 상권은 젊은 층과 노년층이 함께 공존하는 독특한 상권으로 자리 잡을 수 있었다.

상대적으로 저렴한 땅값도 장점이다. 상권 규모와 유동 인구에 비해 땅값이 낮기 때문에 수익률을 높일 수 있다. 실제로 공실 리스크가 낮아서 수익률 5~7% 선도 가능하다. 상업용 부동산 투자의 본질은 결국 수익률인데, 관리비와 운영비를 제외한 캡레이트가 5~10% 정도 나오기 때문에 매력적인 건물 투자 입지라고 볼 수 있다.

수도권에서 성남 외에 살펴볼 곳은 인천 부평이다. 부평은 인구도 많고, 교통 인프라도 잘 갖춰져 있어 상권 자체는 탄탄하게 유지되고 있다.

하지만 투자 관점에서 보면 시세 상승 여력이 크지 않다는 것이 약점이다. 부동산 가격은 많이 오르지 않지만, 떨어지지 않고 꾸준히 유지될 수 있다. 이런 곳은 자산을 빠르게 증식하려는 투자자에게 적합하지 않다. 반면 꾸준히 안정적인 임대 수익률을 얻는 게 목적이라면 추천할 만하다.

실제로 이 지역은 약 5% 이상의 임대 수익률을 낼 수 있다. 초기 투자 비용이 크지 않으며, 특히 노후 자금을 활용한 수익형 부동산에 투자하려는 이들에게 예금처럼 안정적인 수익을 제공할 수 있다. 부평역 일대는 이미 상권이 성숙해 있고, 개발도 꾸준히 진행 중이다. 다만 개발로 인한 이익은 수요자보다는 공급자에게 돌아가는 구조라 시세 차익보다는 임대 수익에 기대를 거는 편이 낫다.

물류센터 & 데이터센터
투자 주의보

　물류센터는 상품을 보관하고 포장한 후 배송 준비까지 전 과정을 진행하는 시설로, 온라인 유통이 대세가 된 지금, 시장을 장악하기 위한 핵심 시설로 꼽힌다. 부동산 관점에서 물류센터는 토지를 대상으로 하는 투자 방식 중 하나다.

　한때 물류센터가 성장의 상징인 적이 있었다. 2000년대 쿠팡이 외국 자본을 끌어들여 공격적으로 물류센터를 지어 온라인 시장을 장악했고, 이를 계기로 너도나도 "돈이 된다"라며 물류센터 투자에 뛰어들었다. 그러나 2023년을 기점으로 공급이 수요를 초과하면서 소강 상태로 접어들었다. 2026년까지는 기존에 계획했던 물류센터 공급이 일정 부분 정리되고 난 후, 2027년쯤부터 다시 물류센터가 부족하다는 말이 나올 수 있다.

　물류센터 투자는 건물을 짓거나 임대하는 것이 아닌, 땅 투자로 귀결되는 투자법이다. 어떤 곳이 유망한 물류센터 입지인지 예측하고, 해당 입지를 선점할 수 있어야 한다.

여기서 주목할 만한 키워드가 바로 서울 세종 간 고속도로다. 이 고속도로가 완공되면 서울에서 용인 반도체 클러스터를 지나 세종까지 1시간 만에 연결되며 물류 효율이 극대화된다. 이 구간에서 투자 핵심지는 당연히 용인이다. 하지만 용인은 땅값이 이미 많이 올랐다. 그렇다면 고속도로 연결성과 투자 비용 대비 효율을 고려할 때 위쪽인 포천, 남양주, 구리 등 동부권 일대로 눈을 돌릴 필요가 있다. 이곳은 인구와 교통 인프라 수요를 흡수하면서 동시에 B2B 기업들의 물류까지 감당할 수 있어 부동산 투자 호재 지역으로 꼽힐 만하다.

실제로 용인은 물류센터가 많이 지어지면서 그 수혜를 가장 많이 본 지역이다. 아파트 투자는 오랜 기간 지지부진했지만, 물류센터로 인해 용인뿐만 아니라 기흥, 이천, 안성 등 주변 지역까지 토지 개발 효과가 확산되었다. 물류센터가 들어오면 단순히 기업만 들어오는 것이 아니다. 도로가 생기고 진입로가 만들어지며, 식당 등 상업 시설이 연쇄적으로 만들어진다. 임야가 대부분이었던 곳에 대형 물류센터가 들어오면 근무 인력이 들어오고, 소비 활동이 벌어지기 때문에 이를 받아줄 수 있는 상권이 필요하다. 투자자 입장에서는 근린생활시설 등 소규모 상업용 건물 투자 기회가 생기는 것이다. 물류센터 인근에 5~7억 원 수준으로 토지를 매입해 가설 공간을 지어 식당 등으로 운영하거나 임대할 수도 있다. 건축비 포함 원가 10억 원 정도를 투자해 20억 원 정도에 매각할 수 있다면 수익률도 높일 수 있다.

이런 시장은 현지 주민이나 관련 전문 투자자들이 먼저 움직이는 분야로 일반 투자자가 접근하기 쉽지 않다. 또한 경기가 안 좋으면 발목 잡힐 수도 있다. 그러나 기회를 포착할 수만 있다면 고수익을 거둘 수 있는 부동산 투자 분야이기도 하다.

투자 끝물에 올라타지 마라

데이터센터 투자는 민간 시장에서 끝물이다. 여기서 구분해야 할 것이 최근 주목받는 AI 데이터센터다. 이런 곳은 GPU 등 고가 장비가 필요하고, 막대한 자본이 투자되는 시설인 만큼 국가적 지원이 필수적이기 때문에 민간 차원에서 접근하기 힘들다.

반면 민간 데이터센터는 현실적으로 투자가 쉽지 않아 보인다. 우선 전력 수급이 문제다. 데이터센터 한 곳이 가동되려면 최소 40MW 이상의 전력이 필요한데, 이는 삼성전자 공장 2개 정도에 들어가는 수준의 전력량이다. 한전이 이 정도 규모의 전력을 민간 데이터센터에 공급해줄 여력이 있을지도 미지수다. 반도체 공장과 신도시 아파트 개발 등 국가적으로 우선순위가 높은 전력 수요는 이미 포화 상태다.

민간 데이터센터는 단기간에 공급이 몰리면서 수요가 이미 충족되었다. 초기에는 사업이 된다는 소문에 투자자가 많이 뛰어들었지만 지금 무리하게 뛰어들 경우 손실을 떠안을 수 있다. 데이터센터가 전자파를 발생시킨다는 이유로 혐오 시설로 취급되어 인근 지역 주민의 반발이 크다는 것도 악재다. 또한 데이터센터는 고용 창출 효과가 거의 없다. 근무 인력은 거의 없고, 건물 관리 인력 정도만 있다. 이처럼 단점이 많기 때문에 데이터센터 주변 부동산에 투자하는 것은 위험하다. 현대식 대형 건물이 들어선다고 해서 인구 유입이나 상권이 살아나는 것이 아니며, 오히려 지역 부동산에 부정적인 영향을 끼칠 가능성이 크다.

부동산 NPL 시장이
뜨겁다

지금 부동산 시장에서 가장 뜨거운 주제는 단연 NPL이다. NPL(Non-Performing Loan, 부실채권)은 말 그대로, 금융기관이 빌려준 대출금 상환이 제때 이뤄지지 않아 회수 불가능한 채권을 말하며, 부동산 NPL이라고 하면 보통 경매에 들어가는 물건을 의미한다. 최근 시장에서 경매나 공매로 넘어가거나, 아직 법적 절차에 돌입하지 않았더라도 상태가 급격히 안 좋아져 오늘내일하는 자산들이 매물로 많이 등장하고 있다. 이자조차 내기 어려운 상황이다 보니 지방세나 국세가 체납되는 경우도 흔하다. 이런 물건은 자칫 잘못 매입했다가는 원치 않은 채권, 채무 관계를 떠안을 수 있지만, 수익률이 높기 때문에 상당히 매력적이다.

일반인이 NPL 물건에 접근하기란 쉽지 않다. 정보력과 분석력 싸움이기 때문이다. NPL 물건을 매입하기 위해서는 정교한 전략이 필요한데, 우선 등기부등본을 통해 권리관계를 파악할 줄 알아야 하며, 이후 다양한 변수를 해석해 좋은 물건인지 그렇지 않은 물건이지 판단해야 한다. 이런 분석을 하지 못한 채 경매에 싸게 나왔다고 덥석 물었다가 '물리는' 경우도 많다. 하지만 제대로만 고르면 큰돈을 벌 수 있기 때문에 투자자들 사이에서 가장 인기 있는 물건이기도 하다.

경기가 어려울 때는 NPL이 뜬다

최근 NPL 사례를 통해 시장 분위기를 한번 살펴보자. 이 건물은 매매가 200억 원대로 시장에 나와 있으며, 경매로 넘어가기 직전이다. 근저당 설정액은 매매가보다 35% 정도 높다. 근저당 설정액이 이렇게 높다는 것은 대출 능력이 뛰어났다는 뜻인데, 잘되면 성공한 사업가가 되는 것이고, 망하면 사기꾼이 되는 상황이었던 것으로 읽힌다.

매물 주인은 1년에 수백억 원대의 매출을 올리는 제조업 사업가였다. 2020년쯤 강남 일대 부동산 가격이 급등하면서 처음 건물을 매입했고, 이 건물이 높은 시세 차익을 거두자 다시 공격적으로 건물 매입에 나섰다. 사업 기반이 탄탄했으므로 금융권에서 대출받기도 수월했다. 대부분 90% 이상의 높은 비율로 레버리지를 썼고, 많게는 매입가의 100% 이상 대출을 받기도 했다. 건물주는 사업으로 1년에 영업이익 30~40억 원을 내기 힘든데, 건물 투자는 많게는 100~200억 원씩 오르니 '사업보다 부동산으로 돈 버는 것이 더 쉽다'라고 생각했다. 결국 무분별하게 건물을 매입했는데, 얼마 지나지 않아 금리 인상과 경기 침체가 겹치며 위기에 몰렸다.

현재 그가 처한 상황은 녹록지 않아 보인다. 시장에 200억 원대 매물로 내놨지만, 이미 근저당 설정액이 훨씬 높아 누군가 그 건물을 매입한다고 해도 문제가 많다. 건물을 사는 쪽에서는 근저당을 어떻게 갚을 것인지를 확인시켜달라고 요구할 수 있으며, 이런 복잡한 문제가 해결되지 않으면 매각은 쉽지 않아 보인다. 더 안타까운 것은 과거 300억 원대로 매각할 기회가 있었는데, 이를 놓쳤다는 것이다. 매입하려는 쪽에서 가격 조정을 요청했는데, 그 가격이 마음에 들지 않아 거절했다. 건물주는 당시의 그 결정을 뼈저리게 후회하고 있다.

이와 비슷한 사례가 시장에 많이 등장하고 있다. 특히 사업하는 사람들이 이런 경우가 많은데, 이들의 공통적인 특징이 있다. 사업이 잘되어 사옥을 매입했는데, 코로나 시절 건물 가격이 치솟자 부동산 투자에 열중하면서 기존 사입 운영에 소홀했다. 경기가 나빠지면서 건물 투자에 빨간 불이 켜졌고, 건물을 매각하려 하지만 시장은 이미 매물 포화 상태다. 빚이 눈덩이처럼 불어나면서 최악의 상황에 내몰리다 결국 망해서 나간다. 사업을 다시 일으켜보려고 안간힘을 쓰지만, 이미 시장은 트렌드가 바뀐 뒤라 쉽지 않다.

성공한 건물 투자자일수록 자산 여력이 크기 때문에 시장이 흔들려도 버틸 수 있는 여력이 있으며, 부동산을 매입할 때 끊임없이 의심하고 또 의심한다. 이들은 남의 말을 함부로 믿지 않는다. 신중한 대신 실패 확률은 낮다. 오히려 부동산을 잘 모르는 이들이 무턱대고 건물을 매입했다가 낭패를 당하기 일쑤다. 사업가라면 기존의 사업 성공에서 고무받았을 것이고, 강남 아파트 투자 경험 등 주택 투자에 성공했다면 상업용 부동산 시장을 만만히 봤을 수도 있다. 이처럼 한두 번의 '어쭙잖은' 부동산 투자가 독이 된 케이스를 시장에서 너무 많이 지켜보고 있다. 결국 끊임없이 공부하지 않으면 투자에서 절대로 성공할 수 없다는 것을 다시 한번 깨닫는다.

NPL 최대 호황기, 그러나 짧고 굵다

NPL 물건은 굉장한 고수익 상품이다. 자본금 50억 원을 투자해 380억 원 건물을 사서 5% 정도 임대 수익률에, 운 좋으면 1년 안에 100%의 매각 차익을 실현하는 경우도 있다. 하지만 모든 물건이 다 그런 것은 아니며, 관련 정보가 상당히 제한적으로 유통되기 때문에 일반 투자자가 접근하기 까다롭다. 정보에 접근한다고 해도 이를 분석하고 변별할 수 있는 능력이 있는지도 미지수다.

시장에는 허위 정보나 과장된 정보가 많으며, 겉으로 보기에는 괜찮아 보여도 내용을 자세히 들여다보면 문제가 많다. 결국 제대로 된 분석력을 갖추지 않으면 기껏 일군 자산을 잃어버릴 수 있다. 이른바 '하이 리스크, 하이 리턴' 상품이 바로 NPL 물건이다. 그래서 이 분야는 전문가의 도움이 절대적이다. 전문가도 한 사람 말만 듣는 것이 아니라 다양한 사람들에게 여러 가지 의견을 구할수록 도움이 된다.

경기가 좋지 않고 기업 실적이 악화되면서 NPL 시장은 최대 호황기를 맞고 있다. 안타깝지만 누군가의 실패가 누군가의 성공 기회가 되는 셈이다. 지금도 매물이 많이 등장하기 때문에 기회는 분명히 있다. 그러나 이 시장도 얼마 남지 않았다.

현재 각종 정부 예산안이 집행되면서 시장에 자금이 풀리고 있다. 기업도 조금씩 투자 비중을 늘리고 있다. 시중에 돈이 돌기 시작하면서 경기는 빠르게 회복할 수 있다. 이러면 NPL 시장의 매력도 떨어진다. 2025년에 찾아온 NPL 시장의 호황기는 짧고 굵게 끝날 수 있으며, 이후에는 다시 예년 수준으로 돌아갈 것이다.

앞으로 다가올 부동산 시장 : 대전환의 시작

NPL 시장의 호황 이후, 앞으로 부동산 시장은 예상보다 훨씬 큰 변화가 올 수 있다. 특히 주택 부동산 시장이 심상치 않아 보인다. 지금 정부는 단순한 변화를 넘어, 지난 수십 년간 유지되어온 부동산 시장의 구조 자체를 바꾸려는 시도를 예고하고 있다. 최근 주식 시장 활성화에 관심을 쏟는 것도 비슷한 맥락이다. 국민 자산이 부동산에 과도하게 쏠려 있는데, 자본 시장 쪽으로 이 자산을 유도함으로써 시장의 근본적인 구조에 변화를 유도하는 것으로 읽힌다.

정책의 핵심은 자본 규제와 세제 개편이 될 것이다. 지금도 주택 관련 대출 규제가 시행되면서 은행들의 주택 담보 대출 여력이 줄고 있다. 동시에 주택에 부과되는 세금은 더 강화되고, 보유한 자산에 비례해 세금 부담이 지금보다 커질 수 있다. 자산가일수록 더 많은 세금을 내는 구조로 전환될 것이다.

그러나 시장이 모두 동일한 방향으로 흘러가는 것은 아니다. 주택 시장에 대한 규제가 커질수록 상업용 부동산 시장은 오히려 새로운 기회를 맞을 수 있다. 부동산은 원래 중장기적인 성격을 가진 투자 상품이다. 앞으로 3~5년 후를 생각하면 상업용 부동산은 차별성 높은 상품과 입지를 중심으로 새로운 활황기를 맞을 수 있다.

지금 부동산 시장을 단순한 경기 변화의 문제로 국한해서 바라보면 안된다. 한국 사회 전체가 시대 전환기에 들어섰다. 부동산과 금융, 세제와 자본 시장 모두 동시에 요동치며 새로운 질서를 만들어가고 있다. 이 거대한 변화의 흐름 속에서 가장 중요한 것은 변화의 흐름을 인식하고, 대비하는 것이다. 그런 준비된 자세의 투자자만이 향후 3~5년간 시장의 흐름에서 주도권을 쥘 것이다.

PART 6

돈의 흐름이 바뀌면
투자도 바뀐다

월세 흐름은
거스를 수 없는 대세

지금 국내 부동산 시장에서 정책적으로 가장 많이 흔들리는 분야가 임대 시장이다. 주택만 놓고 보면 전세 대출 제도가 국내 부동산 시장을 망가뜨린 주범 중 하나로 꼽힌다. 임대 시장은 공공 임대든 민간 임대든 시장 경제 원리대로 돌아가도록 하는 것이 자연스러운데, 정부가 전세 대출 제도를 만들어 시장을 과도하게 '부양'했고, 한국 주택 부동산 시장이 왜곡된 방향으로 흐르도록 부추긴 혐의를 받는다.

실제로 평소 5억 원 하던 전셋값이 정부의 전세자금 대출이 시작되면서 6억 원으로 오르는 현상이 나타났다. 세입자가 전세 금액의 80%까지 대출을 받을 수 있게 되자 집주인이 전셋값을 쉽게 올릴 수 있었고, 이는 평균 전셋값을 상향시키는 결과로 이어졌다. 전세가율이 오르면서 집값도 덩달아 뛰었다. 전세가율 50%를 맞춘다는 명목으로 평소 10억 원에 매매되던 아파트가 11~12억 원으로 올랐다. 이후 부동산 가격 폭등장세가 연출되면서 전세를 끼고 부동산에 투자하는 사람들이 많아졌다. 이는 전세 대출을 통한 부동산 갭 투자의 또 다른 얼굴이기도 했다.

여기서 한 가지 짚고 넘어가야 할 것은, 전세 대출이 소비성 대출이라는 점이다. 2억 원짜리 전세를 구해도 되는데, 3억 원짜리 전세에 거주하는 식으로 주거 과소비 현상이 발생했는데, 이는 특히 사회 초년생이나 신혼부부에게서 많이 나타났다. 월수입 100만 원일 때 평소 50만 원을 주거 비용으로 썼다면, 이제는 월 60만 원을 쓰는 상황이 벌어진 것이다. 경제 활동에 써야 할 10만 원이 은행으로 흡수되면서 소비 여력은 줄고, 나라 경제에도 좋지 않은 결과를 가져왔다.

정부가 뒤늦게 전세 대출 한도를 줄이려 했지만, 시장의 강한 반발에 부딪혔다. 3,000cc 이상의 고급 차를 타던 사람에게 800cc 경차로 바꾸라고 하면 받아들이기 쉽지 않다. 집도 마찬가지다. 이미 넓고 좋은 집에서 살던 경험을 한 소비자들이 전세 대출 한도가 줄어든다고 해서 쉽게 눈높이를 낮추기는 어려울 것이다.

지금도 전세 대출은 정치적 논란의 중심에 놓이고 있다. 최근 들어 전세 대출이 축소되어야 한다는 의견이 강해지면서 일부 정책자금 대출 한도는 조금씩 줄고 있다.

새로운 공공임대 정책이 필요하다

주택 임대 시장은 정책이나 통화 유동성, 경기 흐름 등 경제 전반에 영향을 미치기 때문에 정교한 정책 설계가 필요하다. 현재 국내 전세 제도가 흔들리면서 민간 임대 시장이 불안정해졌고, 이를 보완하기 위해 정부가 선택할 수 있는 몇 가지 방법 중 하나로 공공 임대가 거론되고 있다.

시장 경제 논리로 보면 민간 임대 시장을 활성화하는 게 맞다. 하지만 현재 상황이 그렇게 단순하지 않다. 신혼부부나 사회 초년생 등 사회적 약자의 주거 안정성이 계속 불안정해지고 있기 때문이다. 만연한 전세 사기, 민간 임대 시장의 전·월세 가격 상승이 소비 위축, 출산 포기 등으로 이어지면서 국내 경기에도 좋지 않은 영향을 끼친다. 이런 상황에서 공공 임대를 확대하는 것은 단순히 '올바른 정책인가?'의 문제를 떠나 사회의 지속 가능성을 위한 필수 조치라고 보는 시각도 있다. 인구가 줄고, 빈부 격차가 증가하는 상황에서 사회적 약자뿐만 아니라 미래의 잠재적 중산 층을 만들어내기 위해 정부가 공공의 자원을 끌어와 주거 안정성을 제공 하는 것이 꼭 필요하기 때문이다.

그렇다면 '어떤 방식으로 공공 임대 물건을 시장에 공급할 것인지'가 과 제로 떠오른다. 서울에서 멀리 떨어진 경기도 외곽에 임대 주택을 공급하는 것은 우리가 경험한 것처럼 그리 효과적이지 않다. 서민이나 주거 약자의 경우, 일터와 가까운 곳에서 거주하려는 특성이 있다. 이들에게는 직장과 가까운 곳, 그중에서도 서울의 요지에 퀄리티 높은 임대 물건을 공공임대 주택 방식으로 제공하는 정책이 필요하다. 만약 강남, 서초, 송파 등의 서울 최상급지에 공공 임대주택을 파격적으로 늘릴 수 있다면, 이는 단순한 주거 지원을 넘어 저출산 문제와 양극화 해소의 실질적인 대안이 될 수도 있다.

여기서 말하는 공공주택은 단순히 복지 차원이 아니다. 사회적으로 기반이 약한 청년, 신혼부부, 사회 초년생에게 일정 기간 안정적인 주거 시설을 제공해줌으로써 이들이 중산층으로 성장할 수 있도록 도와주는 사다리 역할을 하자는 의미다. 지금 우리나라는 60~70대 노년층 인구가 전체 자산의 70%를 보유하고 있는 구조로, 나머지 세대가 상대적 박탈감을 느낄 수밖에 없다. 만약 젊은 층이 선호하는 지역에 주변 시세보다 저렴한 임대료를 내고 거주할 수 있는 주거 공간을 마련해준다면, 소비와 경제 활동이 지금보다 활발해지면서 자립 기반 마련에 도움이 될 것이다. 그렇게 성장한 이들이 훗날 민간 임대 시장으로 이동하고, 더 나아가 주택의 실수요자로 변할 수 있다.

민간 임대 시장의 또 다른 기회

임대 시장의 한 축이 공공 임대라면 나머지 한 편에 민간 임대 시장이 있다. 민간 임대는 공공 임대와는 또 다른 역할을 할 수 있다. 예를 들어, 활발한 경제 활동을 하는 30대 중후반 세대와 안정적인 경제 여건이 갖춰진 40~50대는 교육과 커뮤니티 환경에 민감하다. 이들은 단순히 저렴한 주거지 대신 '질 좋은 주거 환경'을 선호한다. 이런 수요자에게는 다양한 선택지가 제시될 수 있는 새로운 형태의 민간 임대 모델이 필요하다.

이때 대안으로 생각할 수 있는 것이 민간 리츠(REITs : Real Estate Investment Trusts)다. 강남의 신축 아파트에 거주하고 싶지만 비싼 집값 때문에 구입하기 어려운 사람들이 많다. 이들에게 고급 커뮤니티 시설과 수준 높은 관리 서비스가 결합된 주거지를 임대 방식으로 제공하자는 것이다. 월세는 일반 임대 주택에 비해 10~20% 비쌀 수 있지만, 강남에서 원하는 삶을 누릴 수 있게 된다면 그 가치는 충분할 것이다.

앞으로 민간 임대는 단순한 주거 공급을 넘어, 개개인의 소득 수준과 라이프 스타일에 맞는 차별화된 주택을 제공할 수 있어야 한다. 마포나 광진, 영등포나 동작 등 서울의 인기 주거지역 아파트 가격은 최소 20~30억 원 수준이다. 이런 집을 구입하기 힘든 주거 수요층에게 '내가 감당할 수 있는 월세를 내면 원하는 곳에 살 수 있다'라고 생각하게 만들어줘야 한다. 이처럼 새로운 임대 주택 문화가 확산되면 집을 투자와 재테크 개념으로 보는 왜곡된 시각도 줄어들 수 있을 것이다.

꿈틀거리는
리츠 시장

국내 전·월세 시장이 요동치면서 새로운 부동산 임대 시장의 서막이 열리고 있다. 바로 한국 주택 리츠 시장이다. 이 시장을 바라보는 다양한 시각이 있지만, 우리는 상업용 부동산 투자자의 눈으로 리츠를 해석하고 바라볼 필요가 있다.

기존에도 리츠 시장은 존재하고 있었다. 해외의 0~1% 금리로 움직이는 자금이 우리나라에 들어온 것으로, 수천억 원 이상의 대형 빌딩에 주로 투자되었다. 대부분 상업용 부동산 리츠였기 때문에 국내의 리츠 시장 규모는 무척 작았다. 하지만 최근 들어 분위기가 달라지고 있다. 한국에서도 주거용 리츠 시장이 꿈틀거리고 있기 때문이다. 우리나라는 전세 제도 때문에 주택 리츠가 활성화되기 어려웠다. 주택 리츠 사업을 하려면 매달 월세 수익이 들어와야 하는데, 전세 제도가 주류였기 때문에 꾸준한 임대 수익 확보가 불가능했다. 그런데 최근 전세가 줄어들고 월세가 빠르게 증가하면서 주택 리츠 사업의 기본 조건이 충족되기 시작했다.

전세 제도뿐만 아니라 국내 주택 관련 세금 정책도 리츠 활성화의 걸림 돌이었는데, 조금씩 완화되는 조짐을 보인다. 기존에는 법인이 주택을 매입할 경우, 주택 관련 중과세가 적용되었다. 다주택자를 향한 징벌적 세금이 법인으로 활동하는 임대 주택 사업자에게도 그대로 적용된 것이다. 우리나라에서 리츠 시장이 제대로 작동하려면 이런 불편한 세제 구조부터 바꿔야 했다. 다행히 정부는 2023년부터 다양한 세제 혜택을 만들기 시작했다. 공모 리츠를 대상으로 취·등록세, 보유세 등을 깎아주면서 리츠 시장에 자금이 흘러 들어가도록 유도했다. 이와 함께 법인세 및 배당소득세에 대한 감면 정책도 추진 중이다.

주택 임대사업자의 상당수는 임대소득의 절반 가까이를 세금으로 지출하는 경우가 많다. 개인사업자는 종합소득세 과세 대상인데, 고소득자에게는 40~50%의 높은 세율을 매기기 때문이다. 법인도 상황이 비슷하다. 만약 연간 2억 원의 임대 수익이 발생하고, 이 중 1억 원이 금융비용으로 지출되고 나머지 1억 원이 순익이라면, 여기에서 법인세 20%를 낸다. 문제는 배당금이다. 투자자에게 배당할 때 다시 배당소득세가 부과되는 구조다. 결국 전체 수익에서 상당 부분이 세금으로 빠져나갈 수밖에 없다.

하지만 세제 혜택이 적용되면 상황이 달라진다. 법인세를 면제하고 배당소득에 분리과세를 적용하면 기존 최대 40~50% 세율이 최대 14% 수준까지 낮아진다. 이렇게 되면 주택 공모 리츠도 해볼 만한 사업이 되면서 시장 전체의 분위기를 바꿀 수 있다.

누가 리츠 시장을 선점할 것인가?

2024년 말부터 국내 부동산 시장에서 주택 리츠의 본격적인 움직임이 감지되고 있다. 특히 외국 자금을 중심으로 한 해외 글로벌 투자 은행의 움직임이 활발한데, 모건스탠리가 강동구 길동을 시작으로 서울 요지의 부동산을 매입하고 있다. 국내 은행 중에서는 신한은행이 가장 빠르게 움직이고 있다. 현재 신한은행은 저렴한 금리의 외국 자본을 들여와 임대 주택 공모 리츠와 SH의 민간 참여 임대주택 리츠 등에 투자하고 있다.

이 사업은 한마디로 '파이' 싸움이다. '누가 먼저 시장에 공급하느냐', '누가 더 저렴한 자본으로 주택 임대 시장을 선점하느냐'로 성패가 갈린다. 선진국에서 들어온 자본은 이미 자국에서 리츠 시장을 경험했기 때문에 기존의 노하우를 바탕으로 국내 주택 임대 시장의 미래에 배팅하는 중이다.

외국 자본이 들어오는 이유는 리츠 상품의 수익 구조 때문이다. 선진국 자본은 대부분 연 1% 미만의 수익률로 움직인다. 이 돈이 한국에 들어와 연 2~3% 수익을 낼 수 있다면, 그들에는 충분히 매력적인 사업이다. 특히 한국 전세 제도가 월세로 전환되는 지금 분위기에서는 연 5% 수익을 내다볼 수 있기 때문에 외국 자본이 눈독 들일 수밖에 없다.

앞으로 서울, 특히 강남을 중심으로 한 리츠 시장은 다양한 가능성을 품고 있다. 과거 1970~1990년대 서울 인구가 급격히 팽창하면서 엄청난 주택과 빌라를 지어 당시 부족한 주거 수요를 감당했다면, 지금 이런 주택들 대부분이 리모델링이나 재개발 대상이다. 이는 앞으로 30~50년 동안 리츠 산업의 먹거리가 계속해서 등장한다는 뜻이다. 또한 이 사이클이 한 바퀴 돌고 나면, 지금 인기 있는 신축 아파트도 재개발 대상이 될 수 있다. 향후 50년 정도 시간이 흐르면 고층 아파트도 슬럼화를 겪을 수 있으며, 값비싼 저층 아파트일 경우 개발 이익률이 높아 더 인기를 끌 수 있다. 이런 식으로 리츠가 투자할 수 있는 개발 대상지는 계속해서 등장할 것이다.

리츠 시장의 미래

리츠 시장이 대중화되면 소비자 입장에서는 주거 선택지가 넓어질 수 있다. 특히 젊은 층을 중심으로 주거 소비 문화가 빠르게 바뀔 수 있다. 지금도 높아진 집값과 전세 제도의 위축으로 '집을 꼭 사야 한다'라고 생각하는 젊은 세대가 줄고 있다. 새로운 임대 주택 문화가 트렌드로 급부상하면 '여기 5년 살아보니 괜찮았는데, 다음은 더 좋은 곳에 살아볼까?' 하는 식으로 주택을 경험하고 소비하는 세대가 등장할 수 있다. 한발 더 나아가, 더 좋은 입지와 커뮤니티, 효율적인 관리 시스템을 갖춘 임대 주택이 계속해서 지어진다면 사람들이 굳이 집을 소유하며 높은 세금을 감당하려 들지 않을 수도 있다. 지금 일부 주택 부동산에 끼어 있는 가격 거품도 조정받을 수 있다는 의미다.

젊은 세대뿐만 아니라 노년층 주거 시설을 새롭게 바라보는 관점도 필요하다. 병원과 생활 편의시설이 가까운 도시의 핵심지에 고령층을 위한 맞춤형 임대 주거 시설이 필요할 수 있다. 꼭 실버타운이 아니어도 노년층을 위한 쾌적하고 안전한 주거 모델은 지금도 수요층이 존재한다. 만약 이런 요구에 부응하는 노년층 타깃의 고급 임대 주택이 나온다면 지금처럼 집값 오르내리는 문제 해결에도 도움이 될 것이다.

이처럼 주택 트렌드를 바꿀 수 있는 실마리로 작용할 수 있는 것이 바로 민간 리츠 사업 모델이다. 물론 리츠 사업의 부정적인 측면도 무시할수는 없다. 시장에는 기업형 임대 시장으로 바뀌면 임대료가 높아질 것이라는 우려가 존재한다. 실제로 지금까지는 투기화된 디벨로퍼들이 시장을 장악해 물의를 일으키기도 했다. 하지만 오랜 검증의 시간을 지나오면서 시장이 많이 정리되었다. 자본력과 경험을 축적한 1세대 디벨로퍼가 늘어났고, 이들이 시장 전반에 걸쳐 긍정적인 영향을 미치기 시작했다. 합리적인 자유 시장 경쟁 제도가 갖춰질 수 있는 기반이 형성되고 있다는 의미다.

한국에서 주택 리츠가 본격적으로 움직인 지는 채 1년이 안 되었다. 앞으로 법적·제도적 지원이 확실하게 뒷받침된다면 리츠를 중심으로 민간 주택 임대 시장의 문이 활짝 열릴 수 있다. 주택 리츠 시장이 커졌을 때 또하나 기대할 수 있는 것이 국내 주택 부동산 시장의 패러다임 변화다. 우리나라 주택 부동산 시장은 지난 40~50년간 빠르게 발전하면서 한계에 부딪혔다. 앞으로 민간의 자본과 시스템을 활용해 더 나은 주택 문화를 만들고, 공공이 감당하기 힘든 주거 복지의 일부를 민간 리츠가 보완할 수 있다면, 보다 나은 부동산 시장을 만드는 데 도움이 될 것이다.

빌라 투자
환경이 바뀐다

    최근 빌라 시장의 투자 열기가 많이 사그라들었다. 하지만 민간 임대 리츠 시장이 움직이면서 빌라 투자 성격도 바뀔 수 있다.

    빌라는 1970~1990년대에 많이 건설되었다. 대규모 아파트 단지를 조성하려면 오랜 시간과 많은 비용이 드는 반면, 빌라는 6개월에서 1년이면 지을 수 있었다. 정부는 폭증하는 서울 인구의 주택 수요를 해결하기 위해 정책 지원을 통해 빌라 건설을 장려했고, 그 덕분에 서울에 수많은 빌라가 지어지면서 서민의 주거지로 기능했다.

    하지만 지금은 상황이 다르다. 인구 분산 정책과 높은 주거 비용으로 서울 인구가 수도권으로 많이 빠져나가고 있으며, 무엇보다 아파트가 주거 시장의 주류가 되면서 빌라는 인기 없는 상품이 되었다. 과거처럼 노후 빌라를 헐고 비슷한 형태의 신축 빌라를 짓는 방식 역시 잘 통하지 않는다. 그보다는 좀 더 근본적인 변화, 즉 열악한 주거 환경을 개선해 품질 좋은 주거 시설로 재탄생시켜야 한다는 데 초점이 맞춰지고 있다.

₩빌라와 관련된 정책 변화도 감지된다. 2022년 판례가 나오면서 빌라 투자의 약점으로 작용했던 용도 관련 제한도 사실상 풀렸다. 기존에는 근린생활시설로 용도 변경하려는 빌라 매매 시, 계약 시점과 잔금 시점 모두 주택이어야만 양도세 비과세 혜택을 받을 수 있었다. 하지만 빌라를 매입하는 투자자 입장에서는 주택을 구입한 셈이 되어 취득세 중과를 적용받았다. 다행히 얼마 전 해당 규제가 풀리면서 파는 사람은 양도세 비과세 혜택을 받고, 사는 사람은 취득세 중과를 면할 수 있게 되었다.

빌라의 새로운 해법 : 아파트형 리츠 개발 모델

기존에도 노후 빌라를 재건축해 아파트로 탈바꿈하려는 시도는 꾸준히 있었다. 하지만 사업성 높은 극소수 지역을 제외하면 기대만큼 성공적이지 못했다. 특히 소규모 빌라 밀집 지역을 중심으로 공공이 주도하는 모아주택 사업을 벌이는 곳이 많은데, 대부분 사업성이 많이 떨어지고 문제점도 많았다.

재개발이라는 것이 '당신의 낡은 주택을 새집으로 바꿔주겠다'라는 개념인데, 빌라 소유주 입장에서는 집을 내어주고도 확실한 보장을 받지 못하니 쉽사리 재건축에 동의하기 힘들다. 이런 빌라 재개발의 구조적 문제를 해결하려면 단순 재개발이나 모아주택 방식을 넘어서는, 보다 현실적인 방법을 찾아야 한다. 이때 대안으로 제시할 수 있는 것이 민간 중심의 중소형 리츠 개발 모델이다.

서울 도심에는 여전히 다세대주택·다가구주택 등 빌라 밀집 지역이 많다. 이런 건물에는 보통 5~6세대가 살고 있으며, 하부에 근린생활시설이 들어와 있는 곳도 많다. 이런 빌라 5~10채를 묶어 하나의 블록 단위로 구성한 후 타워형 주상복합 형태로 재개발하자는 것이다. 이러면 주거 시설도 업그레이드되고 도시 미관도 바꿀 수 있다. 빌라 10채를 매입해 100세대 규모로 주상복합 아파트를 지으면, 40세대 이상 주거 시설이 증가하는 공급 효과도 동시에 누릴 수 있다. 빌라 한 채 가격이 40~50억 원 수준이라면 10채를 구입한다고 가정할 때, 500~600억 원 정도 자금이 필요하다. 이 정도 수준의 투자 금액은 리츠 시장에서는 얼마든지 조달할 수 있는 규모다.

이렇게 개발했을 때 누리를 수 있는 가장 큰 장점은 속도다. 민간 리츠 모델로 개발하면 토지와 건물을 매입해서 진행하기 때문에 빠르게 재개발을 추진할 수 있다. 사업자는 "집 파세요. 제가 사드리겠습니다"라고 제안할 수 있고, 소유자는 집을 팔아 이익 실현을 할 수 있다. 정부는 이 과정에서 양도세나 취득세 등 세금을 걷을 수 있다. 이처럼 소유주와 사업자 간에 거래가 이뤄지면서 시장에 자금이 돌 수 있는 선순환 구조가 만들어진다.

또 하나 의미 있는 것은, 노년 세대가 보유한 빌라를 현금화함으로써 자산 관리 가능성도 생긴다는 것이다. 수도권의 노후 빌라 소유주 상당수는 60~70대 이상의 고령자다. 이들은 집은 있으나 현금화하지 못하고, 자산을 활용해 이익을 거둘 만한 마땅한 방법을 알지 못한다. 만약 리츠 방식으로 개발해서 자산을 현금화시키거나 또 다른 자금 운용 방법을 제시하면 노년기 라이프가 지금보다 훨씬 풍요로워진다.

예를 들어, 빌라를 판 자금 일부를 리츠 사업에 투자해 주주가 될 수 있다. 사업비가 500억 원이고, 그중 50억 원 상당의 빌라를 제공했다면 10%의 지분을 소유하는 것이다. 이러면 매달 발생하는 리츠 수익에서 지분 10%에 해당하는 금액을 배당금으로 받는다. 만약 새로 지어진 집에서 세입자로 거주한다면, 배당 수익금 중 10% 정도를 임대료로 내고 나머지는 수익으로 챙긴다. 이런 방식은 단기적으로 매각 이익만 취하는 것이 아닌, 장기적으로 죽을 때까지 현금 흐름을 창출할 수 있는 노년층의 유효한 자산 관리 방식이 될 수 있다.

옛날 방식대로라면 빌라 소유주가 직접 세입자 관리나 건물 수리 등 귀찮은 문제를 처리해야 하고 각종 세금도 내야 한다. 하지만 리츠 사업이라면 자산운용사나 위탁관리 회사가 건물 관리를 맡아주기 때문에 금융상품처럼 편리하게 이익을 얻을 수 있다. 물론 이 과정에서 수수료가 발생한다. 하지만 배당수익이 생기는 데다 번거로운 관리에서 해방될 수 있으니 소유주 입장에서는 남는 장사일 수 있다.

물론 이 모든 과정을 자기 손으로 해결해야 직성이 풀리는 빌라 소유주도 있을 것이다. 하지만 생각의 전환이 필요하다. 미국 등 선진국에서는 부동산 자산의 운용, 임대, 유지 보수를 전문업체가 맡아서 진행한다. 안타깝게도 우리나라에서는 전문가나 관리업체에 대한 신뢰가 부족하다. 현재는 많이 바뀌는 중이고, 개선되고 있다고 하나 아직 성숙한 시장은 아니다. 결국 신뢰할 수 있는 구조를 만들어내는 것이야말로 향후 리츠 기반 빌라 개발 모델의 성공 열쇠가 될 것이다.

부동산과 금융 투자 비율을
조정하라

과거에는 자신의 명의로 된 집 한 채가 성공의 상징이자, 노후의 든든한 버팀목으로 여겨졌다. 지금은 그 믿음이 오히려 발목을 잡고 있다. 겉으로는 수십억 원 자산가처럼 보이지만, 실제로는 매달 생활비와 각종 지출, 세금 등에 쫓기는 '자산 푸어' 세대가 많다. 눈에 보이는 부동산 자산은 있지만, 현금이 부족한 상태, 즉 돈이 잠들어 있는 상황이다.

한국은행과 통계청 자료에 따르면, 한국 가계 자산의 약 76%가 부동산에 묶여 있다. 미국이 약 30%, 일본이 40~50%인 것과 비교하면 우리나라는 압도적으로 높은 수치다. 20억 원짜리 집이 있다면 실제로 자유롭게 쓸 수 있는 금융 자산이 4~5억 원이라는 의미다. 이러면 수입이 별로 없는 노후에 맞닥뜨릴 수 있는 리스크에 매우 취약하다.

부동산에 모든 자산을 올인하는 전략에는 세 가지 리스크가 있다. 첫째, 유동성 부족이다. 아파트와 같은 부동산은 일부만 팔 수 없으며, 현금화할 때까지 수개월이 걸린다. 갑작스럽게 큰 병이 나거나 자녀의 결혼 등 목돈이 필요한 상황이 닥쳤을 때 즉시 대응하기 어렵다. 둘째, 하나에 집중된 자산이라 변동성이 크다. 부동산에 올인한 사람들 대부분의 자산이 서울, 그것도 특정 지역의 아파트 한 채에 집중되어 있다. 부동산 가격 하락이나 인구 감소, 보유세 강화 중 어느 하나라도 현실화되면 전체 자산이 크게 흔들릴 수 있다. 셋째, 높은 거래 비용이다. 중개 수수료, 양도세, 취득세 등 부동산 매매할 때 들어가는 비용이 최소 수천만 원, 많게는 수억 원이다. 결국 손에 쥐는 현금은 기대보다 훨씬 적을 수 있다.

여전히 우리 부모님 세대는 부동산을 최고의 투자처로 여긴다. 이들이 한창 경제 활동을 하던 1970~2000년대 초까지만 해도 국내 경제 성장률이 8%였고 도시화가 빠르게 진행되었다. 물가 상승률이 7%를 넘던 시절이었으니 부동산 가격이 계속 상승하는 것은 당연했다. 하지만 지금은 경제 성장률 1~2%의 저성장 고착화 시점이라, 성장에 따라 집값이 오른다는 공식은 더 이상 작동하지 않는다. 여기에 출산율은 0.74명(2024년 기준)으로 세계 최저다. 국내 전체 인구가 감소 국면에 들어서고 있으며, 2030년 이후 주택을 사는 핵심 인구인 30~50대가 줄면 시장에 충격을 줄 가능성도 크다.

투자 환경도 달라지고 있다. 과거에는 개인이 투자할 수 있는 자산이 제한적이었다. 하지만 지금은 스마트폰 하나로 해외 주식, ETF, 채권 등에 손쉽게 투자할 수 있다. 인터넷과 SNS를 통해 정보 접근성이 높아졌고,

투자 상품의 선택지도 다양하다. 이제 모든 돈이 부동산으로 쏠리던 시대는 지나고 있다. 건설비 급상승과 교통·인프라가 확충된 신규 지역이 빠르게 급부상하는 것도 부동산 수익 구조를 바꾸고 있다. 기존의 주택 사업성이 계속해서 악화될 수밖에 없는 상황이다.

<Insight>

금융 투자를 병행해야 진짜 부가 완성된다

이제부터는 금융 투자가 반드시 필요하다. 부동산이 안정적인 금고라면, 금융 투자는 그 안에서 자산을 키워주는 성장 엔진과 같다. 주식이나 코인을 단순히 위험한 도박으로 여기는 시각도 오해다. 특히 은퇴까지 20~30년을 앞둔 사람이라면, 장기적인 관점에서 주식과 같은 금융 투자를 필수적인 안전장치로 삼아야 한다.

그 이유는 명확하다. 첫째, 금융 투자는 인플레이션을 이길 수 있는 복리의 힘을 갖고 있다. 현금 가치는 시간이 지날수록 떨어지지만, 주식은 기업이 성장하며 얻는 이익과 배당 등 가치 상승으로 실제로 S&P500의 30년 평균 수익률은 연 8~10%로, 물가 상승률 2~3%를 훨씬 웃돈다.

둘째, 유동성과 유연성이 높다. 스마트폰으로 몇 초만에 거래할 수 있고, 필요한 만큼만 현금화가 가능하다. 부동산처럼 통으로 매각하지 않아도 되니 위기 상황에서도 대응이 빠르다. 셋째, 해외 분산 투자가 가능해 '코리아 리스크'를 줄일 수 있다. S&P500이나 글로벌 ETF를 통해 세계 경제 성장의 열매를 공유할 수 있으며, 한국의 저성장과 인구절벽, 지정학적 리스크를 달러 자산으로 방어할 수 있다.

결국 핵심은 균형이다. 투자자의 나이와 자산 규모, 안정적인 수입 흐름에 따라 부동산과 금융의 비율을 조정해야 한다. 글로벌 자산운용사의 권장 비율과 국내 데이터를 참고해서 적정한 비율을 살펴보면 다음과 같다.

생애 단계	목표	추천 비율(주식 : 부동산)	특징
40~50대	자산 축적	50~60% : 40~50%	복리의 힘을 극대화하는 시기
50대 후반~ 60대 초반	자산 보존	40~50% : 50~60%	수익 실현, 리스크 완화 중심
65세 이후	자산 인출	30~40% : 60~70%	안정적인 생활비 확보가 핵심

자산 축적기인 40~50대는 주식 비중을 50~60%, 부동산을 40~50%로 만들어 복리의 힘을 극대화해야 한다. 자산 보존기인 50대 후반에서 60대 초반까지는 주식 비중을 40~50%, 부동산을 50~60%로 조정해 수익 실현과 리스크 완화를 병행한다. 자산 인출기인 65세 이후에는 주식 비중을 30~40%로 낮추고, 부동산을 60~70%로 만들어 은퇴 시점이 가까울수록 안정성을 높인다. 결론적으로, 노후기 되면 주식 비중은 줄이고 현금성 자산과 부동산 비중을 늘려야 한다.

현재 자신의 자산 구조를 파악하고 싶다면, 종이 한 장을 꺼내 자신이 가진 부동산 자산과 금융 자산을 나눠 적어보자. 만약 부동산 비중이 80~90% 이상이면 위험 신호가 켜진 것이다. 지금부터라도 계획을 세워 금융 자산 비중을 높일 수 있는 방안을 강구해야 한다. 매달 글로벌 우량 주식이나 ETF, 연금형 상품 등에 투자하는 것이 장기적으로 유리할 수 있다.

성공적인 노후 투자는 '아파트 가격이 얼마인가?'로 결정되지 않는다. '어떤 경제 상황에 놓이더라도 생활이 유지될 수 있는지'가 관건이다. 부동산은 우리의 삶을 지탱하는 토대이고, 금융 자산은 그 위에서 돈이 자라게 하는 엔진이다. 이 두 축이 균형을 잡힐 때 비로소 인플레이션과 저성장의 파도 속에서 흔들리지 않는 진짜 자산 관리가 완성된다.

부동산 격차의 시대,
성공방정식이 바뀌고 있다

제1판 1쇄 2026년 1월 23일

지은이   박준연
펴낸이   한성주
펴낸곳   ㈜두드림미디어
책임편집 최윤경
디자인   얼앤똘비악(earl_tolbiac@naver.com)

㈜두드림미디어
등록   2015년 3월 25일(제2022-000009호)
주소   서울시 강서구 공항대로 219, 620호, 621호
전화   02)333-3577
팩스   02)6455-3477
이메일   dodreamedia@naver.com(원고 투고 및 출판 관련 문의)
카페   https://cafe.naver.com/dodreamedia

ISBN   979-11-24026-20-5 (03320)

책 내용에 관한 궁금증은 표지 앞날개에 있는 저자의 이메일이나
저자의 각종 SNS 연락처로 문의해주시길 바랍니다.